東京に北斗七星の結界を張らせていただきました

保江邦夫

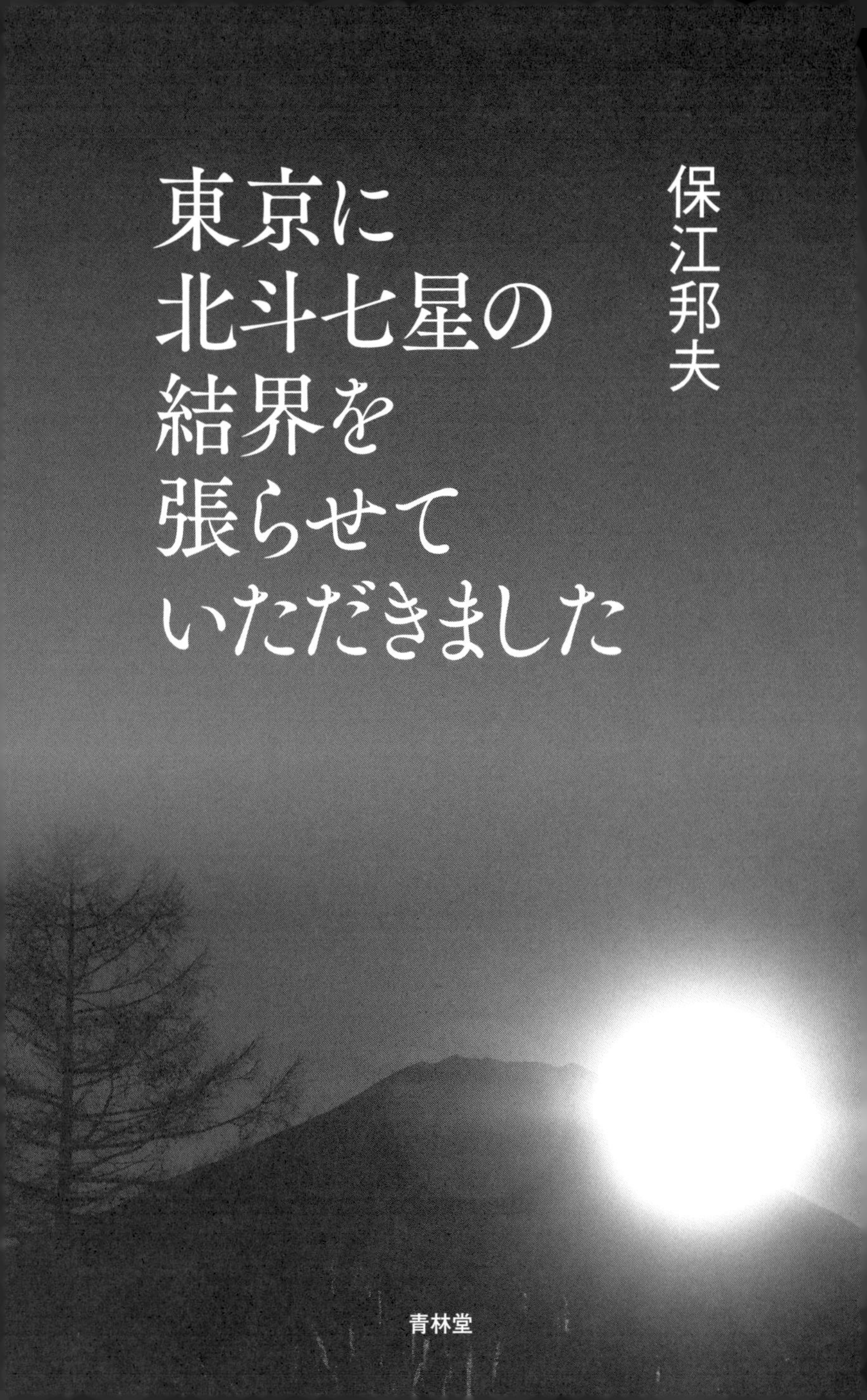

青林堂

今回、この北斗七星の形で結界を
張らせていただきました。

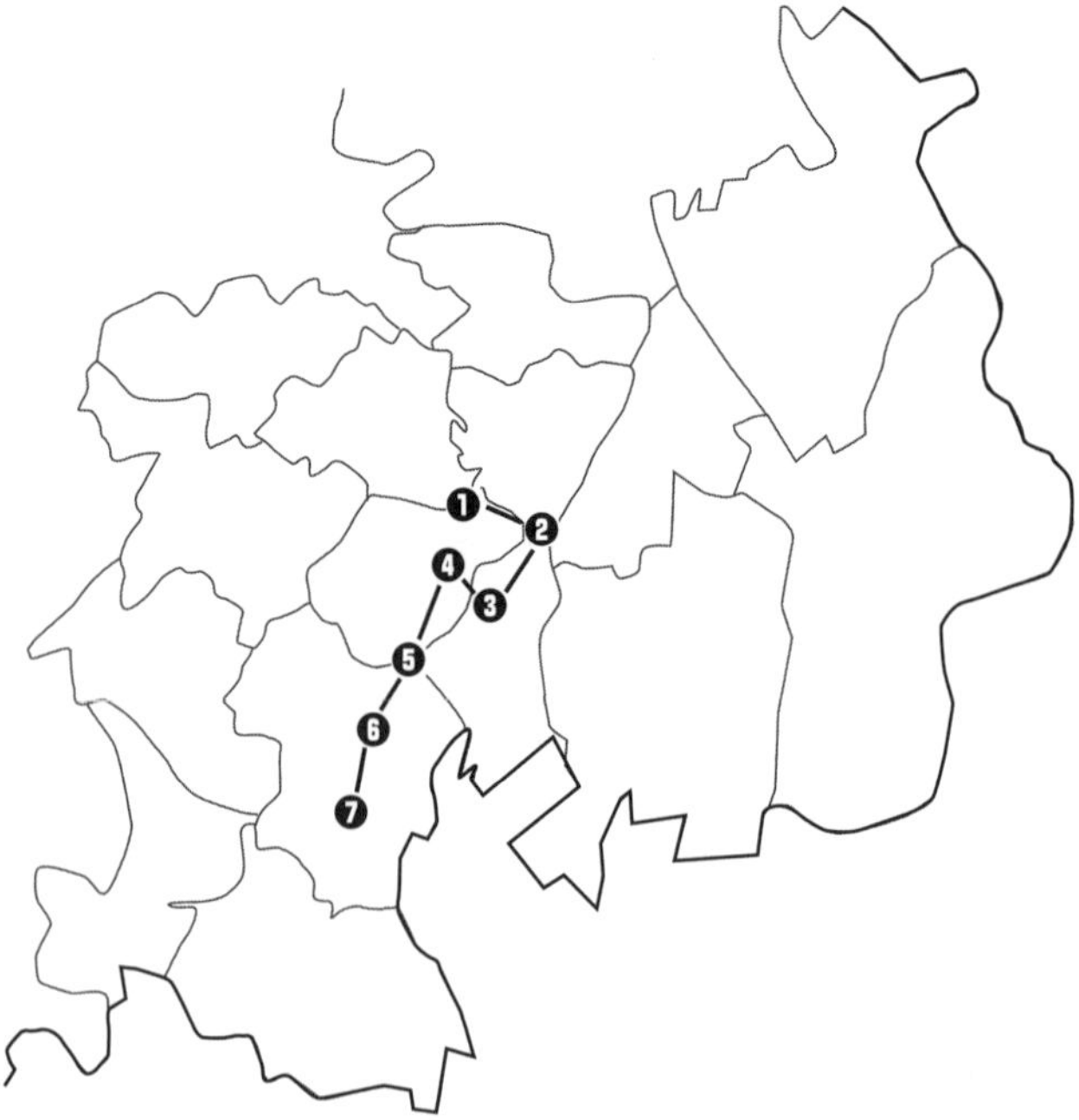

❶神田明神
❷榊神社
❸水天宮
❹将門塚
❺愛宕神社
❻天祖神社
❼御田神社

はじめに

昨年（令和2年）11月に出版した拙著『偽キリストはＡｉと共に、バチカンに現れる！』（青林堂）では、

「新型コロナウイルス騒動」で日本人の良さが失われつつある現状や

アメリカの「トランプ騒動」の真実などについて僕なりの見方を示しながら、

いずれの問題も、

「王族や天皇を中心にした世界的なネットワークが地球を救う」ことを提案しました。

今回のこの本では、その根拠を示したいと思います。

それは、ズバリ、私たちが「神様の気持ち」を知ることです。

神様の姿を見た者は誰もいません。

しかし、神様はいたるところにいらっしゃいます。

では、どうすれば神様の気持ちを感じ取って、神様の存在を身近に感じることができるか……。

それがわかれば、新型コロナウイルス騒動も、陰謀も、取るに足らなくなります。

ぜひ、あなたも、この本で神様の気持ちを感じ取ってください。

神様と共に新しい人生を歩んでいくために！

保江邦夫

《目次》

第2章　現人神の天皇と立憲君主制を再び　39

第3章　鳳凰の時代の到来　65

第6章　神様の気持ち

第1章

戦後、アメリカに渡った昭和天皇の従兄弟

昭和天皇の従兄弟に「アンダーソン」という謎の人物がいた

昨年（令和2年）11月に青林堂から出版された『偽キリストはＡｉと共に、バチカンに現れる！』の中で、アメリカは、独立宣言をする前、イギリス王室のウエストサクソン家がリーダーシップを発揮していたことでフリーメーソンの野望が封じられていたのが、ウエストサクソン家の影響力の低下と共にフリーメーソン・イルミナティの勢力によって牛耳《ぎゅうじ》られるようになったとお伝えしました。

そこで、この本の冒頭では、そのイギリス王室のウエストサクソン家と日本の皇室の関係について少し詳しく述べておきたいと思います。

皆さんは、昭和天皇の従兄弟に「アンダーソン」という謎の人物がいらっしゃったことをご存知でしょうか？

実は、昭和天皇の従兄弟には、のちにアメリカに渡って名前をアンダーソンと名乗った人物がいて、このアンダーソンさんとイギリス王室のウエストサクソン家は日本の皇室ととても深い関係があるのです。

僕がその人物の存在を知ったのは、梨本宮家《なしもとのみや》の６代目の梨本隆夫さんという方から皇室の家系図を見せていただいたときです。

梨本宮家は、明治初期に数多く立てられた伏見宮《ふしみのみや》系の新設宮家のうち、唯一皇族の兄弟によって創設された宮家です。梨本隆夫さんは梨本徳彦の養子として宮家に入り、現在「梨本宮記念財団」の代表理事であり、宗教団体「出羽三山」の第17代教主を務められています。

僕が梨本さんから見せてもらった皇室の家系図には、たくさんの宮家皇族の方々のお名前が漢字で書かれており、その中で昭和天皇の従兄弟にあたる方だけ、なぜかカタカナでアンダーソンと書かれていて、そのお名前には後から手を加えた形跡もありませんでした。

僕が「皇族なのになぜカタカナの外国人がいるんですか？」と聞いたところ、梨本さんは、実はアンダーソンという名の人物は昭和天皇の従兄弟で、小さい頃からご学友でもあったのが、のちにアメリカに渡ったのだと、その間の経緯について詳しく説明してくれました。

それによると、当時、昭和陛下（裕仁《ひろひと》天皇）は高輪御所でお母さまから離されて暮らしており、そのときのご学友で従兄弟でもあった人が、陛下にとってはいちばん親しい関係だったそうです。

その方がなぜ日本名ではなく、アメリカ人の名前なのかというと、終戦直後に、マッカーサー元帥と昭和天皇の間である密約が交わされたからです。

マッカーサーが来日した際、すぐに天皇陛下（裕仁天皇）をお呼びして、陛下がご自身の霊力で原爆初号機を搭載したＢ２９を消した情報提供と引き換えに、日本の分割統治をやめてアメリカ一国で統治する約束を交わしたことは拙著（『語ることが許されない封じられた日本史』ビオ・マガジン、２０２０年）でも詳しく述べたとおりですが、それ以外にもアメリカ側がある条件を出していました。

マッカーサーは、トルーマン大領領と軍部から指示を受け、本当は日本の皇室を解体するつもりでした。なぜなら、アメリカをはじめとする連合国側としては、Ｂ29を祈りの力で消すほど高い霊力を持った日本の天皇がいちばん怖かったからです。

なので、本当は皇室を解体して天皇に戦争責任を負わせる形で処刑したかったのが、マッカーサーが実際に昭和天皇にお会いして「それはいい判断ではない」と気づきます。

その理由は、「私の命はどうなってもいいから日本の国民を助けてほしい」という陛下の潔《いさぎよ》いお心に打たれたことと、マッカーサーは敬虔《けいけん》なカトリックの信者でユダヤ教にも理解が深く、日本の皇室が古代のイスラエル12支族の末裔《まつえい》であることを知っていたからです。

それゆえ、昭和天皇を生かすことを決め、その代わりにある人物を人質として差し出すようにと命じた、それが陛下の従兄弟だったのです。

「これで日本が救われるのなら喜んで人質に」と言って密かにアメリカへ

人質というのは、再び日本人がアメリカに戦争をしかけないようにするためで、「もし、日本が再軍備をして、アメリカに牙をむくようなことがあったらその人質の命はないぞ」という脅《おど》しです。

人質として最も適任なのが誰なのかについてはCIAが全部調べていて、裕仁天皇が小さい頃からずっと大事に思ってきた皇族が一人いることを突き止め、そこでマッカーサーは「あなたの従兄弟を人質としてよこしなさい」と要求したのです。

最初、裕仁天皇は反対されたのですが、その話が直接ご本人の耳に入り、「陛下を救えるのなら、これで日本が救われるのなら、喜んで人質になりましょう」と、従兄弟であるご本人が陛下を説得してマッカーサーの要求を受け入れます。

いちばん親しい人を人質に差し出さなければいけない裕仁天皇にとっては、我が身を削られるような思いだったことでしょう。

こうして、裕仁天皇の従兄弟の方は密かにアメリカに渡り、当地で暮らすための戸籍と名前が与えられ、それ以来アンダーソンという名字を持つアメリカ人として生きていくことになったのです。

その際、裕仁天皇はあまりにも従兄弟が不憫《ふびん》で、マッカーサーがアメリカに帰るときに「頼みがある」と申し出ました。

それは当時、皇室が持っていた大日本帝国軍の運用資金、今のお金で３００兆円あった中からその半分の１５０兆円をマッカーサーに渡して、「この資金を基に、アメリカにおいて私の従兄弟がこれからつくっていく家族や親族たちの生活が成り立たなくなることのないように、そして彼が日本の復興のために尽力できるように、あなたが責任を持ってこのお金を運用してほしい」と託したのです。

裕仁天皇に敬服していたマッカーサーは、「私が責任を持ってやらせていただきます」と誓い、専用機でアメリカに帰ったときに、トルーマン大統領にもこの密約を伝えることはありませんでした。

それだけお二人の間には強い信頼感が芽生えていたからですが、二人が面会したわずか15分の間にいったいなにがあったのか？ マッカーサーの回顧録にはこう書いてあります。


「天皇の話はこうだった。『私は、戦争を遂行するにあたって日本国民が政治、軍事両面で行った全ての決定と行動に対して、責任を負うべき唯一人の者です。あなたが代表する連合国の裁定に、私自身を委ねるためにここに来ました』――大きな感動が私をゆさぶった。死をともなう責任、それも私の知るかぎり、明らかに天皇に帰すべきでない責任を、進んで引き受けようとする態度に私は激しい感動をおぼえた。私は、すぐ前にいる天皇が、一人の人間としても日本で最高の紳士であると思った」（『マッカーサー回顧録』昭和38（１９６３）年）

「『かつて、戦い破れた国の元首で、このような言葉を述べられたことは、世界の歴史にも前例のないことと思う。私は陛下に感謝申したい。占領軍の進駐が事なく終わったのも、日本軍の復員が順調に進行しているのも、これ全て陛下のお力添えである。これからの占領政策の遂行にも、陛下のお力を乞わなければならぬことは多い。どうか、よろしくお願い致したい』とマッカーサーは言った」（藤田尚徳『侍従長の回想』昭和36（１９６１）年）。

マッカーサーには裕仁天皇とイエス・キリストの姿がダブって見えていた⁉

どの国のトップや戦争の首謀者も、戦争に負けたときには自分は助かりたいと思って、「命だけは助けてくれ」と言う。けれど、日本の天皇はそれとはまったく逆の態度を示された――そのことにマッカーサーはいたく感動を覚えたのです。

それはおそらく、敬虔なクリスチャンであったマッカーサーにとって、そのときの裕仁天皇のお姿が人々の罪を被って十字架で磔《はりつけ》になったイエス・キリストの姿とダブって見えたからではないでしょうか。

だからこそ、マッカーサーは、裕仁天皇と二人だけで交わした約束事を大統領にも言えず、まして一介の軍人が150兆円も運営できないことから、帰国後、ウエストサクソン家に頼みに行きます。

それは、アメリカ大統領よりもイギリス王室のウエストサクソン家のほうが格上で、マッカーサーはそのウエストサクソン家に出入りできたからです。

ここで拙著『偽キリストはＡｉと共に、バチカンに現れる！』をまだお読みでない方のために、ウエストサクソン家について少し説明をしておきましょう。

アメリカのウエストサクソン家というのは、そもそもイギリス国教会のウエストミンスター寺院を建立したカンタベリー大司教の血筋で、イギリスがアメリカを最初に植民地にしたときの総督として、イギリス国王が新大陸に派遣したのがウエストサクソン家です。

そして、アメリカ独立においてもウエストサクソン家をそのまま残し、東部の土地は全てウエストサクソン家のものとして始まったのがアメリカ合衆国です。つまり政治形態だけを今のアメリカ合衆国の形にして、実質的には王政を敷いてアメリカを発展させてきた、それがウエストサクソン家なのです。

アメリカが独立宣言をしたとき、東部に13州ありましたが、それらの土地は未だにウエストサクソン家のもので、東部の富裕層や政府機関なども全部ウエストサクソン家に借地料を払ってきました。そのため、ウエストサクソン家には膨大な資産があり、今日にいたるまでそれらを真のエリート精神に基づいて有効に活用しているのです。

裕仁天皇から預かった莫大な資金は、マッカーサー自身は軍人らしくビタ一文それに手を着けず、そのまま全てウエストサクソン家に渡します。

「これからアメリカでファミリーをつくっていくことになる日本の天皇の従兄弟、アンダーソンの面倒を見てやってほしい」と。

ウエストサクソン家は、すぐに「わかりました。こちら（ウエストサクソン家）は日本の皇室ともつながりの深いイギリス王室の家系なので、昭和天皇の従兄弟さんがアメリカで暮らしていくための後ろ盾になりましょう」と快諾し、天皇から預かった資金もウエストサクソン家には入れずにアンダーソン家のためだけに運用しました。

また、東部の広い屋敷をアンダーソン家のために提供し、そのためアンダーソンは昭和天皇から託された150兆円には手をつけなくてもやっていけ、ウエストサクソン家の援助によってアンダーソン家はとても栄えることになりました。

こうして、裕仁天皇の従兄弟を当主とするアンダーソン家は、一般のアメリカ人から見れば、ウエストサクソン家の親戚と思われるくらい大きく発展していきます。

やがて、ウエストサクソン家は、アンダーソン家を通じて日本の皇室と直接連絡を取り合う関係になります。それは、アンダーソン家が正式にウエストサクソン家を皇室に紹介したからです。

つまり、ウエストサクソン家は、イギリス王室が300年ほどの歴史なのに対して、日本の天皇家は神武《じんむ》天皇以来125代、2600年以上も続いてきた最も古い世界最長の王室であり、天皇陛下はイギリスの女王陛下よりも上であるとして相互交流が始まったのです。

このように、アメリカにおいてアンダーソン家が繁栄できたのは、旧敵国から人質としてやってきた昭和天皇の従兄弟であった当主をウエストサクソン家が陰ながら支援し、日本の皇室と交流を続けていたからです。

映画『マトリックス』の主人公がアンダーソンという名前なのは日本に対する敬意から

今の日本は、国と地方の借金を合わせるとその総額は約１１００兆円。なのに日本の円が世界でいちばんの「安全通貨」と認められているのは、ウエストサクソン家やアンダーソン家が後ろ盾になってくれているからです。

ウエストサクソン家といえば、王室行事が執り行われるイギリスのウエストミンスター寺院を造ったことでもよく知られていて、アメリカの陸軍士官学校も通称ウエストポイントで、あちこちの町にウエストミンスター通りがあるなど、今のアメリカ人にとっても、とても馴染みがあります。

また、アンダーソンという名前は、映画『マトリックス』の主人公の名と同じですが、実はここにも暗号が秘められています。

『マトリックス』の原作は日本の漫画（『攻殻機動隊』）で、映画の冒頭にスクリーン一杯に緑色の文字がバーっと出てきますが、なぜかカタカナです。

これは、そこだけ日本の原作者に敬意を払っている証拠で、キアヌ・リーヴスが演じた主人公の名前をアンダーソンとしているのも、キアヌ・リーヴスは半分東洋系で、監督は日米間の裏の事情を知っていたということです。

ここまでをまとめると、こういうことです。

・昭和天皇の従兄弟の方は、時のアメリカの軍部や大統領の手前、人質という形でアメリカに渡った。

・その裏では、天皇とマッカーサーの堅い約束の上で膨大な資金が皇室から提供され、アンダーソンとなった昭和天皇の従兄弟はイギリス王室のウエストサクソン家に支えられ、皇室の資金はウエストサクソン家によって運用され、アンダーソン家の繁栄と戦後日本の復興に使われた。

・そうした君主間の絆を後ろ盾にして、アンダーソン家は一代でアメリカにおいて莫大な資産と信用を勝ち得たと同時に、アンダーソン家の仲介によってウエストサクソン家と皇室の交流が始まった。

つまり、世界一の借金まみれなのに日本円がいちばん信用あるのは、アンダーソン家とウエストサクソン家のおかげで、これは日本の皇室と両家が信頼関係で結ばれていたためです。それは同時に、アメリカも実質的にウエストサクソン家による立憲君主制だったということを意味します。

国民の精神的な支柱としての君主の存在があってこそ、国民が一つにまとまり、平安がもたらされる。それは日本であってもアメリカであっても同じです。

今、アメリカはディープステイト（DS）の暗躍によって政治的にも分断と対立が続いていますが、それを平和的に変革するとしたら、新たな君主をいただくことしかないでしょう。

つまり、イギリス王室の血を引くウエストサクソン家のご子息がアメリカ共和国の国王になる。アメリカが再生するためにはそれしかないし、やがてそうなっていくだろうと思います。

ですから、僕はなにも心配などしていません。

それと、これは僕の推測ですが、横田基地や横須賀基地などの一連の米軍基地は、実は日本の首都東京を守っているのではなくて、ウエストサクソン家の血統を守っているのではないかと思います。

なぜなら、ウエストサクソン家のご子息は今も東京にいらっしゃるからで、だからアメリカ軍が守っている。これはあくまで僕の推測です。

君主間の絆が生まれた背景には、ウエストサクソン家のご子息が若い頃から日本に行き来していて、日本人女性と結婚し、子供を授かっていることも幸いしました。

ウエストサクソン家のご子息に付き添って来日した菓子職人がつくった「銀座ウエスト」

ウエストサクソン家と日本のつながりは、ご子息の奥様が日本人だということ以外にも、ある有名な菓子店の存在によっても知ることができます。

それはその名のとおり「銀座ウエスト」（昭和22年・1947年創業）です。

ウエストサクソン家のご子息は、若い頃にやってきた日本がとても気にいって、「日本に住むぞ！」と言っているとき、ウエストサクソン家の菓子職人が「私もお供します」と同行し、せっかく日本にやってきたのだからと洋菓子店を開いたのが銀座ウエストの始まりです。

英国王室では3時のティータイムには必ずお茶とクッキーを食する習慣があり、その伝統が日本にも持ち込まれたわけですが、僕たちが小さい頃の時代のお土産といったら、銀座ウエストの洋菓子が定番でした。

できるだけ人工の香料や色素などを使用せず、材料本来の風味を生かすべく、一つひとつ職人による手作業で作られていて、それまで和菓子しか知らなかった多くの日本人が憧れをもって銀座ウエストの洋菓子をいただいたものです。

昭和22年、銀座にオープンしたウエストの出発点はレストランでしたが、開店後わずか半年余りで施行された都条例により「75円以上のメニュー」が禁止されたため、製菓部門だけ残して、喫茶店に変わりました。

また、翌年からはクラシックのレコードミュージックを店内に流すなど、イギリスの雰囲気が漂っていて、文化人の集う場所として人気を博したものです。

ウエストサクソン家のご子息は皇室とつながりがあることから、一般人が簡単にお会いできるような方ではありませんが、僕は1回だけお目にかかることができました。

そのときに、戦後の復興はアンダーソンさんのおかげだということがわかり、今もアンダーソン家はアメリカの地で日本がよくなるようにさまざまな活動をしてくださっていることを知りました。

特に戦後の復興に関しては、昭和天皇とアンダーソン家の陰のお力添えがあったからこそで、それがなければ決して日本独自で復興することはできなかったと思います。

敗戦の焼け野原から、日本の大手企業や鉄道会社などが見る見る発展していったのは、皇室の土地や旧日本軍の軍用地を安く払い下げてもらったからです。

そのおかげで民間企業が復興し、キリスト教の教会や大学などもあちこちにできて、経済面でも教育面でも発展してこられたのです。

その間、昭和天皇の従兄弟の方がアメリカ人アンダーソンとなって、外から日本の復興と発展を応援してくれていました。それなのに、日本の企業や政治家たちは次第に私利私欲に走るようになっていき、あげくの果てに摩天楼のビルを買い占めたり、見境なく国債を発行し続けて借金まみれになるなど、まったく品位も礼節もなくなってしまったのです。

僕はアンダーソン家やウエストサクソン家にまつわる秘話を聞くにつけ、今の日本の政治家や企業のトップたちに対して、「君主が陰ながら日本のために尽力してくれているのに、お前ら恥ずかしくないのか!!」と叱りつけたい気持ちでいっぱいになりました。

私たちは昭和天皇の御霊《みたま》に対して頭を下げなくてはいけない

なぜなら、神道の世界では「言挙《ことあ》げせず」ということが重んじられていて、民のために陰ながらご尽力いただいている君主のお気持ちは、私たちがくみ取るしかないからです。

つまり、言語化されることはない、だけれども、そこにこそ神意があって、それをくみ取って神意に従えるのが人格者であって、本来の日本人の良さなのです。

ですから、今、平和な日本で暮らせている私たち日本人は、マッカーサーの魂を揺り動かした昭和天皇の御霊《みたま》に対して頭を下げなくてはいけない。

B29による首都東京への原爆投下を命がけで阻止し、この世から消し去ってくださったその祈りの霊力と、私たち国民を守るためにいちばん大切な人を人質に差し出すという苦悩の英断を下されたことに対して、心から感謝の気持ちを伝えなくてはいけない、僕はそう思います。

それが、言挙げできない（個人的な見解を述べることが許されない）君主をいただいている、私たち日本人の最低限の礼節です。

なぜ僕がこの本でこのような裏話を明らかにしたかというと、特に今年（令和3年）はこれまで隠されていた事実が全て明るみに出される年だからです。

そして、ここから、いよいよ世の立て替え・立て直しが始まるのです。

そこでまず、戦後日本の復興の陰には、

昭和天皇という霊的君主としての苦悩の英断があったこと、
そして、かつては敵国として戦った連合国の
イギリスやアメリカにおいても同じように君主が存在していた、
だからこそ日本の皇室との強い絆が生まれ
日米の君主による下支えによって
日本が再び国際社会に平和裏に躍り出ることができた、
私たちはそのことを肝に銘じておく必要があるということです。
このことは、天皇の存在意義を再確認するためにも誰もが知っておくべきことです。

フリーメーソン・イルミナティの影響下に置かれた戦後の教育の中では、いわゆる「平等思想」が持ち込まれ、天皇や皇室に対して反感を持つ人たちも増えました。

共産主義者や左翼、左寄りのマスコミ陣が、イデオロギーとして反天皇・反皇室の思想を大衆に植えつけたわけですが、彼らは唯物論者なので、人格や霊格という

ものがまるでわかっていないし、理解できないのです。

戦後、そのような唯物論的な価値観が広がり、また言挙げしない神道の伝統とも相まって、君主としての天皇の存在意義を伝える人がほとんどいなくなってしまいました。

なので、僕のような者が天皇の存在意義についてあえて言挙げしているのです。

人間としての優劣や社会的な立場云々ではなく、人格・霊格には上下があります。その人格・霊格の高さにおいて、最も高貴な存在が天皇であり、だからこそ天皇陛下が国民の手本となってくださっているのです。

人間は平等だけれども、人格には上下がある

私の名誉母親であるシスター渡辺和子が、「人間に上下はありません。ただ、人格

には上下があります」と常々教えてくれていましたが、これが事実なのです。

人間に上下はなく、平等だけれども、人格には上下があるのです。

優れた人格者とは、神様の依《よ》り代《しろ》となれる混じりけのない愛と調和に満ちた人で、その最たる存在が天皇陛下です。

なぜなら、我《われ》を捨ててなにがあっても命がけで国民のために尽くす、だからこそ大型戦略爆撃機も消し去るほどの強い霊力を持ち、自分を処罰するためにやってきた占領連合軍最高司令官・マッカーサー元帥の魂をも揺り動かすことができたのです。

つまり、全ての国民に対する無償の愛が、一瞬にして相手の敵対心や警戒心を溶かした――これこそ最高の君主の証です。

一方、今の日本人はどうでしょうか？

人格において、はたして高いといえる人がどのくらいいるでしょうか？

あまりにも人格が低い人ばかりが増えてしまったことを嘆く高齢者も多いですが、

「明治陛下がつくられた教育勅語《きょういくちょくご》を復活せよ！」と声高に叫ぶことで、若者たちの人格が涵養《かんよう》されるとはかぎりません。

もちろん、教育勅語はすばらしい内容で、それは読めばわかります。でも、今の若い人たちに「これを読め」と言ってみても彼らは読もうとはしないでしょう。

なぜなら、これまで教育や政治的意図によって、人格を向上させることよりも、立身出世、自分さえよければいいという自我の肥大化が推奨されてきたからです。

では、どうすればよいか？

僕は、仏典（法華経）にある「三車火宅《さんしゃかたく》」という話にならって、若い人たちが興味を持つ方法で、カッコいい英雄の姿をわかりやすく見せてあげればよいと思います。

三車火宅はこんな話です。長者の邸宅が火事になり、中にいた子供たちは遊びに夢中で火事に気づかず、長者が説得しても外に出ようとしない。そこで、長者は子供たちが欲しがっていた「羊の車（ようしゃ）と鹿の車（ろくしゃ）と牛車（ごしゃ）の三車が門の外にあるぞ」と言って、子供たちを導き出した。

つまり、火事に気づかない子供たちに、大人が言葉で説得したり説教をするのではなくて、外にはもっと面白い玩具（遊び）があるよと見せてあげるほうが、結果的に子供たちが火事場から逃れられるということです。

だから、今、僕がいちばんやりたいことは、アンダーソン家のストーリーを背後にウエストサクソン家のことも入れて映画にすることです。

もちろん、最初から映画はハードルが高いので、まずは原作となる漫画で出します。

子供や若者たちが心から感動できて、「自分もそんな人になりたい」と思ってもらうためには、この本で明かした実話を漫画にして若い世代に届けるのがいちばん早くて、効果的だからです。

言うまでもなく、漫画やアニメは世界に誇る日本のお家芸で、この実話が漫画や映画になれば、日本だけでなく世界の人たちに大きな感動を与え、みんなを元気にしてくれることでしょう。

映画監督は、日本人だと単にお涙ちょうだいの内容になってしまうので、ハリウッドの名監督クリント・イーストウッドに頼みましょう。

そして、昭和天皇とマッカーサーの関係から始まって、アンダーソン家、ウエストサクソン家、そして日本とイギリス、アメリカの君主の生き様を描いてもらえれば、そのリアルな感動は、今流行りの『鬼滅の刃』を超えて末永く後世に引き継がれていくことでしょう。

第2章

現人神の天皇と立憲君主制を再び

戦後の日本国民は全員昭和天皇に助けていただいた

戦後日本の復興の陰には、昭和天皇のお働きと皇室からの資金提供があったことは事実です。

当時の日本の軍隊を統括していたのは天皇だったので、そのときの莫大な資金は巷《ちまた》では日本軍を本土に逃がすための資金だったと思われていますが、昭和天皇にはそんなおつもりはなく、戦後の復興だけに使ってもらうためにあえてアメリカに渡る従兄弟の方に託したのです。

その天皇のお気持ちをマッカーサーが理解し、しかもその人物を無償で受け入れたのがイギリス王室のウエストサクソン家だったことが、日本にとってはとても幸運でした。

ようするに、日本がソ連や中国によって分割統治されなかったのも、天皇を信頼したマッカーサーの進言によってアメリカ政府がそれを承諾したからで、アメリカが敗戦国である日本を経済や技術面で支援してきたのも、昭和天皇の従兄弟を引き受けたのがイギリス王室のウエストサクソン家だったからこそです。

そうでなければ、戦後ポッと現れたアンダーソンという東洋系の家の人がいくらお金を持っていても、それだけでは信用されないでしょう。その後ろ盾がアメリカという連邦国の立役者であるウエストサクソン家だったために信頼を得て、内外に影響力を行使できたのです。

日本の皇室とアンダーソン家、そして実質的なアメリカの君主であるウエストサクソン家、そのような君主の絆と莫大な資金運用によって戦後の日米関係の歯車がうまく回るようになって、日本国民はその恩恵にあずかったということです。

それは、昭和天皇が従兄弟の方を通じて「日本の戦後復興のために」と、将来を見据えて皇室の資金を供与して布石を打っておいてくださったおかげです。

つまり、戦後の日本国民は全員、昭和陛下に助けていただいたのです。

ところが、そのような経緯を知らない政治家や一般国民は、昭和天皇の遺産を知らず知らずの間に食いつぶしてきたのが実情です。

年長者の多くが、自分たちが頑張ってきたおかげで日本が復興したと自負しているかもしれませんが、それはあくまで表向きの話であって、裏ではそのような天皇とアメリカ王室の密接な関係があったのです。

それだけではありません。さらに歴史をさかのぼると、拙著『偽キリストはＡｉと共に、バチカンに現れる！』の中でも触れたように、かつて漢民族も日本に貴重な文化遺産を伝えてくれ、皇室に資金供与をしてくれました。

最後の漢民族の明王朝が滅ぼされるときに、王族を含む２万人が日本に逃げてきて、そのときに明朝体という漢字の書体から、納豆、豆腐、スイカ、香辛料、４００字詰め原稿用紙、仏教の経典や寺院建築技術なども日本に持ち込んで、それらが全て日本に同化していったのです。

だから、今の日本には漢民族の文化が完璧に残っていて、未だに私たちはそれを使っています。

一方、今の中国は、漢民族の文化は北方モンゴル系の共産党員たちによって根絶やしにされたために、ほとんど残っていません。

そのため、漢民族出身の習近平《しゅうきんぺい》国家主席は中国共産党を維持しようとは思っておらず、漢民族の国家を再構築したくて、唯一日本だけに残っている漢民族の文化を逆輸入したいのです。

中国共産党は、清朝以来モンゴル系民族にずっと牛耳《ぎゅうじ》られてきたため、習近平が共産党のトップになったとたん、すぐにモンゴル系の幹部連中をバッサバッサと切っていきました。

ところが、モンゴル系の幹部たちはアメリカにいっぱい資産をもっていて、新しく大統領になったバイデンとつながって、習近平の追い落としを図ろうとしています。

そこで、習近平は漢民族代表として中国をもう一度漢民族の国家に戻したい、だから、密かに日本に対して「漢民族の文化を戻してくれ」と提案してきているのです。

去年の新型コロナウイルス騒動で、習近平が来日する予定が先送りになったものの、本当はそのときに天皇陛下に対して、「中国の本土に再び漢民族の文化を根づかせるために、日本に伝わっている漢民族の文化をコピーさせてもらいたい」と願い出るつもりだったそうです。

僕は、中国の密使からの話を伝え聞いて納得したのですが、いずれにしても日本は今のアメリカとつき合うよりも、漢民族同士でつき合うほうがうまくいくのは確かでしょう。

そのためには、世界から非難の目で見られているチベット・ウイグル自治区の問題などは、

「あれは共産党の暴挙だった」

と総括すればよいのです。

かつてのソビエト連邦を解体に導いたゴルバチョフのように上手にやれば、自由主義諸国は漢民族の習近平主席を喜んで迎え入れるはずです。

禅寺を介して皇室に何度も資金供与してくれた福建省の漢民族

漢民族の中心地は、中国の福建省です。その福建省には有名な禅宗のお寺があり、漢民族はその禅寺を通じて、幕末・明治維新のときも、太平洋戦争が終結したときにも、日本の皇室にお金を供与してくれました。

京都の宇治に福建省の禅寺と同じ名前、同じ構造のお寺がありますが、そこは福建省にある禅寺の隠元《いんげん》和尚が多くの弟子をともなって1654年に来朝した際に開いたお寺で、中国と同じ名前が付けられています。

幕末・明治維新のとき、西欧列強と戦うための軍艦を買う資金がなかった日本の皇室に対して、お金を出してくれた福建省の漢民族は、戦後日本がアメリカに占領されたときも、その禅寺を通じて皇室に対して資金提供してくれました。

このように、漢民族は皇室ととてもつながりが深いのです。

ですから、習近平も決して皇室をないがしろにすることはなく、むしろさらなるつながりを求めているし、それはロシアのプーチン大統領にしても同じです。

今のプーチン大統領は、怪僧ラスプーチンの血族なので、根っからの共産主義者ではありません。

ようするに、中国の習近平もロシアのプーチンもイギリス王室のウエストサクソン家と同じ君主の家系であり、そのため、世界の中で最も理想的な君主制を継承してきた日本の皇室、天皇とつながりたいと思っているのです。

なぜなら、彼らは、最も望ましい国家の統治形態は君主制であることを知っているからです。

社会・共産主義だけでもなく、資本主義や民主主義にも落とし穴があって、いずれも物やお金によって国民を支配・コントロールはできても、人心を平和裏に統治するには精神的な支柱となる君主が必要だとわかっているのです。

かつての大英帝国は、その一つのひな型でした。イギリス王冠のもとに結合されたイングランドとウェールズ、スコットランドを含めたグレート・ブリテンやアイルランド、さらに西インド諸島や北アメリカ植民地等々、海外領土を含めた国民統合の象徴、すなわち君主がイギリス国王や女王でした。

これは、そもそも国王の権力は神から与えられたとする王権神授説に基づいた統治形態で、君主は神の代理人として国民を統治していた、だからこそ国民から敬愛され、憧れの目で見られていたのです。

そしてこれが、日本の天皇が「現人神《あらひとがみ》」と言われたゆえんでもあります。

言い換えれば、君主は大衆にとっての理想的な人格者であり、真の英雄であったわけです。

それが、政変が起きたり、さまざまな政治体制に分かれてきたことで君主制国家が減少し、君主の影響力が低下していって、それが政情不安や人心の荒廃にもつながりました。

王家や貴族といった伝統ある家系の子息は、幼少時から王やリーダーとして必要な態度・識見を身につけるための特別な帝王学、すなわち霊的な修養を身に着けてきたからで、それが同時に国民にとっての人格向上の範となっていたからです。

ということは、本来の神の代理人としての君主制に戻すことができれば、国民の人格向上を促し、それが平和的な理想社会への礎《いしずえ》となるはずです。

その意味では、アメリカのウエストサクソン家、日本の天皇家、そして、ロシアのプーチン、中国の習近平が君主の絆によって結ばれれば、かつての大英帝国のような環太平洋王国ができる可能性は充分にあります。

それぞれが立憲君主制の王国を統治しつつ、みんなで連帯していく、それがこれから世界の平和をリードしていくための最強の布陣となり、それさえかなえば、E

U（欧州連合）やアフリカ、東南アジアの国々もそれに追随するしかなくなるでしょう。

危機的状況が起こると人種を超えて団結するアメリカの軍人たち

今回、ディープステイト側のバイデンが大統領になったことで、いよいよアメリカの分断・分裂が致命的になるのではと危惧している人もいるでしょう。

また、ウエストサクソン家の当主となるご子息が本家のアメリカに戻らないのは、国内が危険だからだと思われる人もいるかもしれません。

しかし、ウエストサクソン家のご子息が日本にいるのは、奥様も日本人で、なによりも日本びいきのためで、彼らの感覚では日本もアメリカも同じなのです。

ご当人たちは、ウエストサクソン家の側近や関係者がアメリカの要所、要所に配置されているため、東京にいても充分統治できるし、彼らが陰で影響力を行使しているかぎり、アメリカが内紛によって崩壊するようなことはありません。

ウエストサクソン家が存続するかぎり、アメリカにも騎士道のような勇猛果敢な精神が引き継がれているからです。

その一つの現われが、米軍を構成している現場の軍人たちです。米軍は多くの移民によって構成されていて、肌の色も多種多様です。

最大多数はアングロサクソンをはじめとする欧州系の白人ですが、中南米出身のヒスパニック系やアフリカ系の黒人、さらにはアジア太平洋系の人たちと移民の集まりで、トップが黒人の部隊もあれば、プエルトリコ人の部隊もあります。

刑務所で収監される代わりに軍隊に行くことを要求される人もいるし、違法移民も軍隊に入って3年勤めあげればアメリカ合衆国のパスポートをもらえるという事情もあって、普通に考えれば、そんなご都合主義的な理由で軍隊に入った人たちがまとまって働けるとは思えないでしょう。

ところが、一旦、なにか危機的状況が起こると彼らはみごとに団結する、それが移民国家アメリカです。

だから、アメリカの軍人は、日頃は文句ばかり言っていても、いざ軍事作戦が開始されると見事にまとまって動くのが伝統です。まさに星条旗の下で「ユナイテッド・ステイツ・オブ・アメリカ」と叫んで、黒人だろうが、白人だろうが、黄色人種だろうが互いに助け合って団結し、お互いに「バディー（buddy 親友）」と呼びあえる仲になれるのです。

このいざとなったら団結する、それがアメリカの底力です。それはおそらく、独立戦争以来、騎士道を受け継ぐウエストサクソン家が上手に采配してそのような風土をつくってきたからでしょう。

陰謀論に嵌《はま》っている人たちは、トランプが追いやられたことでまるで世界の終わりのように騒いでいますが、アメリカはウエストサクソン家のおかげで窮地になればなるほど団結力を発揮する国なので、バイデンが大統領になっても僕はそれほど心配していません。

それよりも、問題なのは今の日本です。

戦後、君主たる天皇の存在意義がわからない人たちが日本社会の中枢を担うようになったために、精神的に幼稚な大人ばかりが増えました。

そのあげく、主権国家であるにもかかわらず、未だに占領下のようにただただアメリカに追従するだけで独立国家としての体を成さない状況が続いている、これが今の日本の現状です。

これは、英雄になれるような、人格者たる大人が育っていない証拠です。

その点、まだアメリカは日曜学校に通っている人たちも多く、精神的に成熟した大人たちが社会の中で頑張っています。

確かに、スピリチュアルな視点で見れば、日本人の霊性は高いでしょう。しかしながら、現実的な視点で見たら、日本という国は世界からはアメリカの子分、属国としか見られていないのが実情なのです。

アメリカ三軍による植民地化から脱するには、東京都が日本国から独立すべし！

では、日本は今後どうすればよいのか？　そこで、僕には一案があります。

アメリカから精神的に独立するために、まず東京都が日本国から独立するのです。

ある地域が独立国家として世界から認めてもらうのは、そんなに難しくはありません。

例えば、スペインとフランスの中間に位置するカタルーニャ地方は、第二次世界大戦の前からスペインからの独立運動をやっていますが、１９３１年にスペインが共和国になり、カタルーニャは自治政府の設置を認められたものの、スペイン内戦で敗者側についていたため、内戦の終結後、ファシストの軍人に再び自治権を奪われ、カタルーニャ語や独自の慣習を制限されています。

カタルーニャ政府は、独立問題を巡って中央政府との対話を求めていますが、ペドロ・サンチェス首相は「まずはカタルーニャの中で対話すべき」との考えを崩しておらず、それは独立賛成派と反対派がほぼ拮抗《きっこう》しているからです。

しかし、もし独立派が過半数を制した場合、スペイン政府はカタルーニャ政府の独立を認めざるをえなくなるでしょう。

これは、カナダの東部に位置するケベック州も同じです。1995年10月30日に連邦からの分離独立を問う住民投票が実施され、50・6％対49・4％の僅差で分離独立は否決されたものの依然としてカナダ連邦からの独立を求める動きはやまず、もし分離独立賛成派が勝てばケベック州は独立国になれるのです。

つまり、選挙で住民の過半数が独立したいと主張すれば独立できるわけで、その意味では、日本も同じです。

国際社会において、日米安全保障条約や日米地位協定の縛りがあるため日本が主権国家の体を成していない以上、まず首都東京が日本国から独立をすればよいのです。

東京都の年間予算は、もはや普通の国の国家予算額を越えていて、東京都の産業だけでも都民が充分食べていけるだけの経済力はあります。

東京都が独立すれば、国が他国と結んでいる同盟や協定に縛られることがないので、諸外国とも自由に交渉ができるし、さまざまな分野で発展の可能性も広がるため、東京都民で投票をしたら、おそらく十中八九、独立に賛成するでしょう。

そうすると、どんなメリットがあるかといえば、日米地位協定による実質的なアメリカの植民地化から脱して、立憲君主制国家として新たに生まれ変わることができます。

そもそも、日本国とアメリカの間には地位協定があって、これが大きな縛りになっています。日米地位協定は、昭和27（1952）年に旧安保条約と同時に発効した「日米行政協定」が前身で、日本の全土基地化など在日米軍にとって極めて都合のよい内容になっているからです。

在日米軍の基地の使用、訓練や行動範囲、経費の負担、身体の保護、税制・通関上の優遇措置、生活に関する特権を保障しており、このため、アメリカの軍人が日本国内で犯したレイプなどの犯罪であっても、アメリカ人被疑者の身柄確保も通常の取り調べもできなかったり、米軍関係者が起こした事故によって被害者の受けた損害を日本政府が賠償するなど、主権国とは思えない、まさに植民地並みの扱いです。

例えば、米軍の関係者しか泊まれないホテルがあって、そこの入り口にはアメリカ国旗が掲げられ、銃を持った警備兵が立っていて、基本的に米軍関係者しか入れません。

そのホテルが日米地位協定の会議に使われていて、月に1回か2ヶ月に1回、日本の各省庁の事務次官だけが呼ばれ、そこでアメリカ三軍のトップが支持を出すのです。

要人がやってくるときには、UH－60ブラックホークという軍用ヘリコプターに乗って午前0時過ぎに超低空で飛んできます。もちろん、深夜にかかわらず高度３００メートル以下の低空で飛行することは日本の航空機なら普通にはできません。しかし、日本上空の管制権は未だに米軍が持っているため、日本政府はただそれを黙認するしかないのです。

アメリカ三軍が日米地位協定でどんなことを日本に要求しているかはアメリカの大統領でも知らないし、まして日本の政治家などはまったく蚊帳の外です。

なぜなら、アメリカの大統領や政治家は、日本はもうとっくに独立していると思っているからで、ところが、実際には、軍のトップが未だに日本を勝手に支配し続けているのです。

立憲君主制の新生東京国ができれば天皇陛下の神威が100%発揮される

米軍基地は32都道県に存在します。沖縄県をはじめ米軍基地が存在する都道県は、これまで何度も地位協定の問題点を指摘し、抜本的な見直しを求めてきましたが、日本政府の腰は重く、現在まで地位協定の改正は行われていません。

また、東京には米軍の横田基地があり、周辺の空域は米軍が管制権を握っているため、日本の航空機は自由に飛ぶことすらできない状況に置かれたままです。

もし、東京都が日本国から独立すれば、こうした縛りが全てなくなるのです。

ですから、あとは東京都民の決断次第です。

東京都が晴れて独立を果たすことができれば、さらに他県にも声をかければ連動して手をあげる自治体はかなりあるはずです。

例えば、沖縄県や僕の故郷の岡山県の県知事が、「県民の総意として東京国に編入したければ編入します」と言えば、「どうせだったら東京に入りたい」、「パキスタンのように飛び地でもいいから」となるでしょう。

そうすると、東京を中心として日本列島の主要な地域、京都、大阪、名古屋等々も新生東京国となって、しかも明治時代のように立憲君主制に戻れば、もう恐いものなしです。

天皇は単なる「象徴」などではなく、本当の「君主」としての権限を持っていただくことで、現人神としての天皇陛下の神威が１００％発揮されるからです。

ただし、明治以降の大日本帝国陸軍・海軍のような自前の軍隊は持たず、自衛のための最新鋭の武器だけを持ち、それを外人部隊に託して、５年間勤めれば東京国のパスポートを発行する。そうすると、アメリカの海兵隊からも志願者が東京国にやってきて、そういう人たちに守ってもらうのが現実的です。

新生東京国の空軍も、もちろん外人部隊で構成します。そして、空軍の兵器は現在の航空自衛隊が使っているようなアメリカ製ではなく、非常に性能の優れたロシア製を買うことで充分防備が可能です。

こうして、同じように君主制のロシアや中国とも仲良くし、ウエストサクソン家はどうぞそのままお住みくださいと、新生東京国に居住していただく。

これがすぐに実現可能な、そしてアメリカからの実質的な独立に向けて日米地位協定から逃れる唯一の方法です。

あなたは日本に残りますか？　それとも、希望に満ち溢れた東京国に行きますか？

同じ敗戦国の中で、占領下から脱していないのは日本だけで、米軍との地位協定をいち早く改定したのはドイツです。

敗戦後、最初はドイツも完全に米軍や英国軍に占領されていましたが、東西ドイツが統一されてから、新生ドイツは自国軍とNATO軍の一体性をいかして補足協定を改定させ、駐留米軍に対する国内法の適用範囲を広げることで、駐留軍の訓練や環境保護に関する規制を強めたのです。

さらに同じ敗戦国のイタリアは、ドイツよりも駐留米軍に対する国内法の適用範囲が広く、イタリアがアメリカと結んだ2国間協定では、ほぼ全ての事項について米軍の権利よりも同国の主権が優先されています。

これは、自国民の命と権利を守る政治家や国家首脳であれば、当然真っ先にやるべきことで、主権国家としての基本中の基本です。

ですから、占領政策の延長線上にある日米地位協定も、本来なら国内法の適用範囲を広げるように改定するか破棄すべく、どこかの時点で総理大臣が動くべきでした。

ところが、これまでずっと地位協定に手をつけるのは完全にタブー視されてきた。

これは日本の政治家のトップが金をつかまされたか、なんらかの弱みを握られているとしか思えません。

昔の総理大臣は、私財を投げうってでも日本のために動いた人が多かったのに、戦後は私服を肥やすことばかりやって、真のリーダー、英雄たる人物がいなくなったということです。


ですから、先ほど述べたように、まず東京都が独立して連立を組める自治体が集まって新生東京国を生み出すことが唯一実現可能な、輝かしい未来につながるのです。

もし今の小池都知事であれば、この提案を受け入れて突き進むでしょう。なにしろ彼女は、国家元首の座を狙ってここまでしたたかにのし上がってきた政治家と思われているようなものなのですから。

まして、今回の新型コロナウイルス騒動の対応を見ても、都知事として政府の方針や施策に対して苛立ちを隠しきれなかったことを思えば、おそらく独自路線を進みたいはずです。

また、いくら日本人の霊性は高いとか日本が世界をリードする時代がやってきたなどと言ってみても、現実の国家運営が占領下のままで、まして今の日本の若者に「日本に、天皇陛下に、神に目を向けて」などと言っても響かないのは明らかです。

それよりも、「あなたはアメリカの言いなりになる日本に残りますか？」
「それとも希望に満ち溢れた新しい東京国に行きますか？」
と問いかけるほうが、よほど彼らの心に響くはずです。

これは、ある意味、昔、神アッラーへの絶対服従を説いた預言者ムハンマドが、アラブの民に向かって「コーランか、それとも剣（戦い）か」と問いかけた二者択一と同じです。

つまり、日本国に残って哀れな死を待つか、東京国に進出して輝かしい未来を取るか、といった究極の選択です。

本当に日本の復興、霊的な覚醒を望むのであれば、東京を独立させたほうが早いし、そのほうが脱原発や新しいコミュニティづくり、例えば、自然の中での自給自足型の暮らしをすることなども、誰もが自由にできるようになるのです。

しかも、その中心となる東京には皇室とウエストサクソン家がいらっしゃる、それだけでも世界からとても信頼され、これまで以上に協調関係が深まるでしょう。

前述したように、イギリス王家の血を引くウエストサクソン家はアメリカの国王的な存在で、表は民主主義国家で大統領が統治しているように見えていますが、建国前から常にずっとウエストサクソン家が統治してきていて、毎回、大統領が当選したらウエストサクソン家に挨拶に訪れるのが慣例です。

そのウエストサクソン家のご子息が日本の東京に住むかぎり、アメリカは日本にとって不利益になるようなことは絶対にしないでしょう。

つまり、アメリカにおいて絶大な影響力を持つウエストサクソン家と、世界に類を見ない現人神としての天皇陛下をいただく新生東京は、現実面においてもまた霊的にも世界最強の国になれるし、その両面があってこそ日本は再生・復活でき、世界に対してリーダーシップを発揮することができる——僕はそう信じて疑いません。

第3章

鳳凰の時代の到来

立憲君主制の新生東京国で現人神を復活させよう

東京都が独立して、天皇陛下を中心とした立憲君主制の新生東京国をつくりましょうというのは、現人神としての天皇陛下の神威を100％発揮していただくことで国民一人ひとりの人格の向上をはかり、世界平和のために日本人が真のリーダーシップを発揮するための礎《いしずえ》となるためです。

つまり、現実面において可能なかぎり神様との接点を強めることによってでしか、私たちの人格の向上や日本人の霊的な使命を果たすことはできないということです。

僕自身、これまで、イエス・キリストからハトホル神、吉備真備《きびのまきび》、安倍晴明《あべのせいめい》まで次々と現われてはお願い事を託されて、そのお役目をなんとかこなしてこられたのは、僕が他の人よりも少しだけ神様との接点が多かったからだと思います（拙著

『僕が神様に愛されることを厭わなくなったワケ』青林堂、他を参照)。

僕が神様の存在を他の人々よりもより具体的に、より親身に、より近く感じているというのは、あくまでも僕の体験に基づいています。それは決して頭を使って理屈で考えたり、たくさん本を読んで知識を得たからというわけではありません。

神様との接点は、頭で考えたり想像するものではなく、現実的な体験を重ねながらその中で感じ取っていくしかないのです。

というわけで、ここからは、僕の中でとりわけインパクトのあった神様体験についてお伝えしましょう。

これはつい最近体験したことですが、改めて「やっぱり神様はすごいなー」と思い知らされた出来事がありました。

僕の著書を読んだり、講演を聞いてくださっている方々は、僕が車の運転が大好きなことはよくご存知かと思います。

東京でもいつも長時間運転していますし、地元の岡山に帰ったときにも長距離運転をすることが多いのですが、東京で乗っている車はマニュアル車で、岡山で乗っている車はオートマチック車です。

マニュアル車は、右足でアクセルとブレーキ、左足でクラッチを踏むので、足の筋肉のバランスを取ることができて足への負担が少なく、長時間運転していても疲れにくい。それに対して、オートマチック車はアクセルとブレーキを踏む右足しか使わないので、どうしても右足だけに負担がかかってしまいます。

しかも、僕のように1日7時間も運転し続けていると、だんだん右足が痛くなってきます。ある時期、それが何ヶ月も続いて、足の裏側の筋から痛くなってきました。単に足を伸ばしたり縮めたりする動作だけではなくて、歩くときに足首を上げるだけでも痛くなって、次第にアキレス腱から上のほうまでも筋肉痛のような痛みが出て、困っていました。

車を運転するとき、油圧のブレーキでアクセルも電子式だから軽くてそんなに力を入れていないのにもかかわらず、運転をするととにかく痛くて、そのうちに歩くときに無意識に右足をかばっていたせいか左足も痛くなってきて、歩くのもしんどい状態になったのです。

ところが、ある日、長時間運転しなくてはいけない予定が入って、「どうしよう……」と思ったのですが、しかたなくオートマチック車で京都まで行くことになり、そのときにどうせなら奈良まで足を延ばそうと計画しました。

足が痛くて京都まで車で行くのもしんどいのに、なぜ奈良まで行くことにしたかというと、その目的は、龍神に会いに行くためです。

というのは、僕が住んでいる東京白金の古いビルの周辺は、日本でも有数の龍穴になっていて、僕の部屋もその龍穴に入っています。

数年前に、ドクタードルフィンことドルフィン先生（松久正先生）がその龍穴に立った途端に、大柄なドルフィン先生が卒倒するくらい強いパワーが放たれていて驚いたのですが、何人かの方々から「最近、龍穴に龍がいなくなったんじゃないの？」と、龍穴のパワーが落ちていると指摘されました。

この龍穴のパワーが落ちると皇居を中心とした東京の護りが弱くなるので困るなと思った僕は、「それじゃあ、龍神をどこからか連れてこなくちゃいけないな」と思い立ち、龍神がいそうな候補地を絞ることにしたのです。

選択肢は二つで、そのうちの一つは愛知県の岡崎城の井戸でした。ある霊能力者が「龍がトンネルを通って岡崎城の井戸から出ている姿を何回か見た」というのを、知り合いの人を介して僕に伝えてくれたからです。

その岡崎城に行くという手が一つ。もう一つの候補地は、奈良県の山奥でした。以前、沖縄の久高島《くだかじま》に案内してくれた人が、「龍神は久高島から出て、出雲に現れ、次に出雲から伊勢に行って、今は奈良の山の中にとどまっている」と教えてくれていたからです。でも、奈良の山奥ということ以外は、はっきり教えてもらうことはできませんでした。

龍神と縁が深い奈良の神社といえば、玉置神社《たまきじんじゃ》と大三輪神社《おおみわじんじゃ》が有名です。僕は直感的に岡崎城ではなく、その奈良の神社のどちらかかもしれないと思いました。しかし、どちらの神社についても最近はあまりいい噂を聞かなかったので、こういうときは直感で調べようと思って『日本道路マップ』の奈良県版を開いて、「どこだろう……」とバーッと眺めながら直感でピッピッと感じた場所に決めました。

「多分ここだ、このあたりにいけば龍神がいるはずだから、その龍神をここにお連れしよう」と決め、大阪と名古屋の二人の女性秘書をともなって、京都で用事を済ませてから奈良へ向かいました。

しかしながら、足の痛みを考えれば、岡山から京都まで行くだけでも相当無理がありります。なにしろそのときはかなり痛みが増していたので、はたして奈良まで行って探し当てられるかどうかもわかりません。

それでも、なんとしてでも龍神をお連れして、東京の結界を盤石なものにしておかないといけないと思った僕は、二人の女性秘書を車の後ろに乗せ、「龍神がいる奈良の山奥を探検するから」と伝えて三人で奈良の山中に行くことにしたのです。

以前、吉野の山に行ったときには龍神はそこにはおらず、三輪山に登ったときにもいなくて、唯一行ったことがなかったのは和歌山県との県境の北側だったので、そこを目指しました。

そこはあまり人が来ない、観光地でもない、奥深い山の中でした。もちろん、高速道路もなくて、曲がりくねった狭い県道でしたが、僕が地図上で確信したのは確かにこの方向。

車中では、秘書たちから「先生、ホントにこんな山奥に神様いらっしゃるんですか？」と詰め寄られ、「行ってみなきゃわかなんないよ。そんなこと」と僕がかわしつつ、「そのうちなにかピンとくるだろう」と車を走らせていたところ、その先にはひなびた村さえもなくて、製材所のような工場がポツンと一つだけありました。

ふと見ると、その向い側にひなびた神社が見えました。「もしかしたらこの神社かも……」と思って車を道路に止めて、鳥居をくぐって境内に入っていきました。

すると、雰囲気が一変し、鋭い感性を持っている二人の秘書も、「ここ、雰囲気が違いますね」となにかを感じ取った様子。

この旅を始めるにあたって、秘書たちから「どうして龍神がいるってわかるんですか？」と聞かれた僕は、「そんなことわかるわけないだろう、見えるわけでもないし。ただこれだけは言える。それはサムハラ神社でもわかったんだけど、晴れの日でも、龍神が喜んだら一天にわかに掻き曇って雨が降る。そんなことがあるから、わかるよ」と答えていました。

三人で境内に入って「わ！　なにか違いますね」と二人の秘書が言った途端、空からパラパラと雨つぶが落ちてきました。

そこで僕は、すかさず「ほら！　降ってきたやんけ！」と言いながら上を見たら、確かに晴れている。なのに、なぜか雨が降っているのです。

「ちゃんと降ってますよ」、「おかしいね」などと言いながら、今度は反対に鳥居をくぐって外に出てみたら、外は雨は降っていません。ところが、境内の中だけはパラパラと降り続いていて、明らかに結界が張られていることがわかりました。

僕が直感で得た龍神の居場所はここに違いないと確信し、秘書たちに向かって

「ほら、見ろ。やっぱりここだよ」と促して、三人で拝殿でお参りをしました。

そして、この神社は古いのでどこかに奥宮《おくみや》があるはずだと思い、改めて看板を見てみたところ、さらに山の頂上のほうに30分ほど登っていった場所に奥宮があることもわかりました。

僕が「でも、俺、足が痛いから歩いては登れないよ」と言ったら、秘書たちは「車だったらどうですか?」と細い山道があることを教えてくれたので、僕も「それなら行けるところまで行ってみるか」とまた車に乗り込みました。

看板に書かれていたとおり、少し先に行ったところに藪の中に入っていく小さな道があって、車幅ギリギリの中を恐る恐る進んでいきます。ずっと登っていくと「天の岩戸」に描かれているような巨石(磐座《いわくら》)が目に入りました。

どうやらこの磐座が奥宮のようで、巨石が半分に割れていて、そこにある祠《ほこら》にしめ縄が張ってあります。

磐座の少し手前に車を置いて、そこまで歩いていったのですが、そのとき、僕の足の痛みはピークに達していました。

二つの岩のまん中に、石を並べただけの小さい階段があって、下まで降りたところが参拝場でした。僕が先頭になって「ここ、降りていこう」と四段くらい気軽にトン、トンと降りたところで、思ってもみない事態が起きたのです。

膝を強打し、あまりの痛さに救急車を呼ぼうと思ったらなぜか痛みが消えていた!!

右側の巨大な磐座の一部がわずかに突き出ていて、僕はそれが見えずにその出っ張りに膝を思いっきりぶつけてしまったのです。

目からガーン！と火柱が出るような痛みに襲われ、いちばん下に降りたときにはあまりの痛さに声も出せずに15分くらいうずくまっていました。頭の中では、救急車を呼んでもらわなくてはならないことになったのかもしれないという大きな不安が渦巻いていました。

それでも、なんとかその場で三人で手を合わせ、無事、参拝を終えました。

その後、後ろから着いてきていた二人の秘書に
「さっき僕が膝を打ったとき、なにを考えていたの？」と聞いたところ、

「あっ、これで先生の足が使えなくなった、どうやって京都まで帰ろうか」

と思ったと言うので、僕は二の句がつげず、内心、

『大丈夫ですか？』の一言もなく、ひどいなぁ。一人は鍼灸師なんだからなんとかしろよ」

と思ったものの、僕も最悪の事態を想定していました。

膝の皿が割れて、救急車を呼んで緊急手術になるかもしれない。でも、こんな山奥に救急車が到着するまで30分はかかるし、携帯電話の電波が届いているかもわからないし……。

そんな不安で頭が一杯になっていたのですが、数分程度の時間が経つと痛みは少

し和らいでいました。

秘書たちが「どうですか？」と聞いてきたので、僕は「救急車を呼んでくれ」と訴えようかなと思ったけれど、なぜかそのときにはもう痛みを感じなくなっていました。

「あれ、今、痛くないなー。救急車はいいから、ちょっと動かしてみる」と言って、恐る恐る右足を動かしてみたら全然痛くないのです。

ズボンを捲り上げても、膝は赤くもなってないし、傷もありません。普通、ジーパンの上からでも思いきり岩に膝をぶつけたら、半月板損傷か外傷が残るのになんにもなくて、わずか数分の間に膝の痛みが消えただけではなく、それまでずっと痛かった右足の全ての痛みがなくなっていたのです。

僕は、「やっぱり、ここが天の岩戸だから、きっと神様が僕を救ってくださった」と確信し、そこで、「これならいくらでも運転できるぞ」とか「ああ、よかった」などと言いながら、我々はその場を後にしました。

そして、その日からなにをやっても足の痛みはまったくなくて、あれからずっと調子が良いままです。

奇跡の泉ルルドでも少女の姿をした天使が現れて諦めかけた水を汲むことができた

なぜこんな不思議なことが起きたのかというと、僕なりの解釈はこうです。

僕は医学者ではありませんが、以前、脳科学者の茂木健一郎さんらも交えて脳神経組織による意識の発現や記憶のメカニズムにおける巨視的量子効果についての研究をしていたのでわかるのですが、科学的な観点から考えると次のような説明ができます。

・それまでずっとあった右足の痛みを、僕の脳が記憶をしていた。

・ところが、その痛みよりももっと強い刺激と激しい痛みが起きたことによって、脳の中の痛みを認知する回路が完全にリセットされた。
・それによって、以前からあった右足の痛みの記憶までもが消えた。

この可能性はゼロではないと思います。

つまり、ある出来事に対する認知の回路が変わることで、脳内の記憶（情報）も変わってしまうことがあるということです。

ただし、これはあくまで脳による働きが人間の認識作用を生む全てだと考える唯物論的な観点に立っての推論でしかなく、本心から言えば僕はこの地にいる龍神を使って神様が僕を窮地から救ってくださったと信じています。

実は、同じような不思議なことが、フランスのルルドに行ったときにもありました。

大腸がんの手術をしたあとに、「奇跡の泉」で知られているフランス南部のピレネー山脈の麓《ふもと》にあるルルドという村に行き、その泉で水を汲もうと思って、あらかじめ用意しておいた大き目のポリ容器を奇跡の水が出る蛇口に当てようとしたら、蛇口のすぐ下に石造りの出っ張り（受け口）があって容器の口が当てられませんでした。

いくつかあった他の蛇口を見ても、やはり下に石の出っ張りがあるので、同じこと。

「あぁ、これじゃあ水が汲めないな」と僕が諦めかけていたそのとき、一人のフランス人風の小さな女の子が、僕のほうにかけよってきました。

でも、その日は12月24日、クリスマスイブの夜の7時30分～8時30分頃で、しかもみぞれも降っているとても寒い夜です。

そこに薄いワンピースを着た白人の女の子が、一人きりでやってきたかと思うと、僕の顔を見て、ニコッとして、僕がいた隣の蛇口に口をつけて水を飲んで、また僕の方を見てニコッと笑って、バーッと走り去っていきました。

その様子を見ていた僕は、「あれ!?　蛇口の下に石の出っ張りがあるのに、あの子はどうやって蛇口に口をつけられたんだろう⁉」と不思議に思って、その蛇口を見たら、さっきまであったはずの石の出っ張りがありません。

「えっ、なぜ？」という思いと同時に、「やったー、これで水が汲める！」と思って、女の子が口をつけて水を飲んでいた蛇口にポリタンクの口をはめ、１分ほどで満タンになるまでルルドの奇跡の水を汲むことができたのです。

「でも、あの子はいったい何者だったのかな？」と思い、まだ2、３分しか経ってないから広場かどこか近くにいるはずだと思って見渡してみたけれど、そこには誰もいませんでした。

「あの子はひょっとして天使だったのかな」と僕が思った瞬間、今度は奇跡の泉の真上に建立されていた教会の鐘が鳴り響いて、僕はその音色を聞きながら、しばし至福感に包まれていました。

その後も不思議な出来事がたくさん続くのですが、おそらくこのルルドの体験から しても、神様がありえないようなことをしてでも、僕を助けてくださったのは間違いありません。

生まれつき映像記憶が残っているので、自分が体験した情景を生々しく語れる

僕はこれまでの体験から、神様はなぜそのような奇跡的なことを次々に起こしてくださるのだろう（?）と考えざるをえなくなりました。

それは、やはりお役目があるからで、じゃあ僕の役目はなんだろうと思うと、人一倍信じやすくて、自分が体験した話を他の人にリアルに伝える能力があるからかな、と受けとめるようになりました。

自分で言うのもなんですが、僕のことを知っている年配の人やまじめな人は、皆、僕のことを「嘘はつかない」、「素直」、「信じやすい」などと言ってくれます。

これは裏返せば、「信じ込みやすい」、「思い込みが激しい」ということでもありま

すが、でも、僕は、自分が見たり、聞いたり、体験したことをそのまま皆さんに報告するようにしてきました。

幸い、僕は生まれつき映像記憶がずっと残るタイプで、だから、ルルドで出会った女の子のニコッとした笑顔やそのときの風景がいつまでもリアルに蘇《よみがえ》ってきて、その情景を皆さんにお伝えできるのです。

おそらく、僕がそういう神様体験をさせていただいたことやそのときの情景を生々しく語ることができるため、神様の「語り部」としてのお役目がある。最近はそんなふうに思っています。

とはいうものの、僕の話し方は、日本語でも、英語でも、フランス語でも決して上手ではありません。それでも、文法や単語としては決して正確ではないものの、なぜかその真意や気持ち、情のようなものは伝わるようです。

例えば、日本語で喋《しゃべ》っているときも、とても流暢《りゅうちょう》とはいえない喋り方で、そんなに感動する話でもないのに、講演を聞いてくれている方々にあとで聞くと「感動しました」、「とってもよかったです」、「はるばる聞きに来てよかったです」などと喜んでいただけるのですから。

これは、言葉以外になにか伝わるものがあって、それを僕が伝えている気がします。

あえて言うと、言葉の外になにかを伝えることができる、現代の吟遊詩人といったところでしょうか。

そういえば、僕は最近三味線を練習し始めたのですが、もしかしたら、吟遊詩人らしく詩や曲を奏でるように皆に自分の体験を語っていくためなのかもしれません。

「神様はいらっしゃる」、「神様って本当はこういうものなんだよ」と、そんなふうに僕に語らせるために、神様がいろいろなことを僕に体験させてくれているんじゃないかと思います。

皇居を守るために張られている「将門塚の結界を外すように」との神様からのお告げ

例えば、これまでも「平成30（2018）年の8月10日までに気仙沼に水晶を沈めてほしいと神様に言われたので、お願いします」との手紙を見知らぬ女性からもらって、車で気仙沼まで行って海に水晶を投げ入れたこともありました。

どこに投げようかと思って探していたら、ふと見上げた場所に龍がいました！「えっ？」と思ってよく見たら、それは、3・11の大津波で唯一残っていた松で、曲がって龍の形になっていたのですが、「ああここか、よかった」とその場で海に向かって投げたら、ウワーと海面が盛り上がって、まるでゴジラか大蛇かと思ったほど大きな反応が起きたのです。

その翌日、私用で秋田の横手まで行って、その帰りしなに群馬の高崎にいる小学校の先生ご夫妻が「どうしても会わせたい人がいる」というので、高崎に立ち寄ったところ、その人は霊的な夢を見る女性で、その方が最近見た夢で「龍の子供たちがいる海に向かって僕が水晶を投げたのを龍の親として上空から見ていた」そうです。はからずも、その霊能力のある女性によって証言（!?）も得られたのです。

その前にも、やはり神様からの命を受けて、白山神社、天橋立神社、岡山県北にあるサムハラ神社奥宮を皮きりに、博多湾の志賀島にある志賀海神社《しかうみじんじゃ》にも行ったのですが、神様によるとそのラインを通さないとダメだから行って通してこいということでした。

最初は「なぜそこが大事なんだろう?」と思っていたのですが、その延長線上が、3・11で潰れた福島第一原発だったのです。つまり、日本列島が龍体だとしたら、その背骨にあたるいちばん大事なレイライン。

遠くハワイのマウナケア火山にまで続くその重要なレイラインが日本列島から離れる場所に、戦後アメリカが意図的に福島第一原発を造らせて流れを止めていて、今回の原発事故でさらにラインが滞ったために、そこを通せと神様に指示されたのが令和１（２０１９）年の夏だったのです。

令和２（２０２０）年は新型コロナウイルス騒動が起きたので、「今年は神様の命が全然下らないな」と思っていたら、やはり神様はまだまだ僕をお召し出しになるようで、毎月横浜で僕の講演会を主催している中国医学の学校の美人校長先生宛にあるメールが届きました。

それは「夢で、神様から、皇居を護るための結界が大手門の前にある将門塚《まさかどづか》を中心にして張られているので、それを外せと言われました。どうしたらいいんでしょう？」というような内容でした。

メールを見せてもらった僕は、将門ゆかりの神社がどこにあるかも知らなかったので、ネットで調べたら、どうやら将門塚を含めて北斗七星の形で七つの神社を結ぶラインがあるらしく、それを神様が壊せと命じている。

本来、これは将門の怨霊を神社の配列によって封印するための陰陽道の仕組みで、江戸を護るために徳川家康が天海《てんかい》僧正に命じて施工したものであり、これによって江戸徳川幕府が260年間続いたとされています。

でも、僕は最初、「ひょっとしたら神様の名を語る平将門の怨霊が、将門塚を巡る北斗七星の形をした結界を破らせようとしているのかな」と思いました。

そこで送られてきたメールを詳しく読んでいくと、夢の中で神様に「結界を張っている神社はどこなんですか?」と尋ねたら、神様に「もうお前は知っている」と言われたそうです。ところが、その人は本当になにも知らなかったということでした。

意外にもネット検索ではこの平将門塚を巡る北斗七星の結界についてすぐに都市伝説的な情報が得られたのですが、平将門の怨霊を封じ込めて江戸城の周囲を護るために設けられた神社の並びについても明確に記されていました。それは、江戸城と江戸の町の鎮守府として建立された神田明神を中心として東西に北斗七星の形が横たわるというものでした。それを見たとき、僕の胸の奥になぜか不思議な違和感が湧いてきました。時間をかけて冷静にその結界の配列を見ていくうちに、僕にはその違和感の由縁がおぼろげにわかってきます。そう、江戸鎮守府である神田明神が柄杓《ひしゃく》の水に触れる杓の部分の先端にこなければならないのに、杓と柄をつなぐ部分に配置されていたからです。

僕が育った陰陽師の家系に伝わっていた教えを祖母から聞いたことによると、結界としての北斗七星であるならば、まずは水を汲む杓の先端が結界の集約となっている最重要な部分であり、江戸を護るための結界であるならば江戸鎮守府はそこに配置されなくてはなりません。つまり、「神田明神」は杓の先端部分になくてはならないのです。このことは、京都市内堀川通りにある安倍晴明を祀《まつ》った晴明《せいめい》神社の井戸水を護る北斗七星の結界の配列を見てもわかります。

つまり、天海僧正が張ったとされるこの都市伝説が教える北斗七星の結界はフェイクであり、こんな紛《まが》いものの呪縛から平将門塚を解放して本当に皇居と首都東京を護ることができる北斗七星の結界を張り直せというのが、今回の神様の命に違いない。僕は、そう閃《ひらめ》くことができました。

その将門塚を解放するとしたら、将門塚を巡る残り六つの神社はどこだろうと思って自分で調べました。

実は、将門塚を管理しているのは神田明神で、神田は神様の田、神様にとって最もこの世に近い存在です。そしてその神田明神の東に「榊《さかき》神社」があって、その榊を神様に捧げるために必要なのが水ということで次の神社が「水天宮」だとすると将門塚はちょうど北斗七星の柄の部分にきます。

また、江戸時代に最も重要だったのが慈恵医大の裏にある「愛宕《あたご》神社」で、これで神田明神を含んで五つの由緒ある神社が揃って、残りはあと二つ。

そのうちの、柄杓の柄のいちばん端にあたる神社はすぐわかりました。神の田に対しては、現人神《あらひとがみ》の田ではなくてはいけない、つまり、天皇の田で「御田《みた》神社」、そしてそこから歩いて行くと「天祖《あそ》神社」（元神明宮）があります。これも古くて、歩いてみないと絶対に見つけられない場所にあります。超高層マンションの間に挟まれていて見過ごしやすいのですが、ものすごくいい場所です。

皇居を護るための北斗七星の結界とは？　それは神田明神、榊神社、水天宮、将門塚、愛宕神社、天祖神社、御田神社、これで七つがつながり、「結界とはこのことだ！」と直感でわかりました。

古い龍（男神）の結界から、新しい鳳凰（女神）の結界に張り替えるお役目

「でも、この結界を神様が破れという意味はなんだろう？」と思ったとき、僕はハッと閃きました。

それは、さまざまな霊能力者の人たちが言っているように、令和２（２０２０）年の12月21日の冬至を境に一つの時代が終わって、これからは「風の時代」に入る、そのことと関係があるということです。

それによると、これまでは「土の時代」で、天照大御神《あまてらすおおみかみ》を代表とする天津神《あまつかみ》の時代だったのが、約200年ぶりに大国主命を代表とする国津神《くにつかみ》の時代に入るというのです。

そして、天津神は龍神、国津神は鳳凰《ほうおう》に喩《たと》えられ、龍神は男神と男性のシンボルで、鳳凰は女神と女性のシンボルです。

つまり、これまでは男神のシンボルの龍神がこの世界を守ってきた、それが去年（2020年）の12月21日以降は女神の鳳凰の時代になったということで、僕はそれを聞いて「なるほど！　だから古い龍の結界から新しい鳳凰の結界に張り替えよということか!!」と納得できました。

なぜなら、去年の冬至の前に、それを暗示するような出来事があったからです。

それは、令和2（2020）年11月9日、平安装束をまとって京都の平安神社と仁和寺（御室御所）を参拝する定例行事に参加したときのことです。

仁和寺の本堂は京都御所の「紫宸殿《ししんでん》」を移築してきたもので、代々皇族が歴代の門跡（住職）を務められた国宝にも指定されているお寺です。

平安時代のままの建築で、当時の天皇が生前にご譲位されてお坊さんになったことから、通称、御室御所と呼ばれているのですが、平安装束をまとった僕たちがその御室御所に歩いて近づいていったら、黒雲がウワーッと空一面に広がりました。それまでは晴天だった青空にもかかわらず、です。

そして、僕たちが御室御所の中に入った瞬間、急に土砂降り状態で雨が降りはじめたので、僕は「また来たぞ！　最後に暴れてるなー」と龍神の気配を感じていました。

無事に法要が終わって、御室御所を出た途端、今度は空が晴れはじめました。仁和寺の雲水たちが軽トラックで傘を20本くらい持ってきてくれたので、その傘を開こうとしたら、すぐに晴れてきました。

そこで、僕は「これで無事龍神に引導を渡せたな」と感じたのです。というのも、そのときの法要が「龍神様、長い間お疲れ様でした、これでお帰りください」という龍神に引導を渡す儀式でもあったからです。

現にそれ以来、それまで日本中の空に頻繁に出ていた龍神雲は出なくなり、必ず鳳凰の雲が出るようになりました。

第4章

皇居の上空に現れた北斗七星

2021年の元旦午前11時11分、北斗七星の結界を張るご神事がスタート

平安装束をまとった仁和寺（御室御所）での法要の際、僕がなぜそのときに龍神に引導を渡す儀式だと感じたかというと、その3日前に、UFOに乗って宇宙人の星に行ったことのある高知の高校の先生からメールが届いていたからです。

そのメールには「ついに龍神が去って、鳳凰の卵が孵化《ふか》しました。もうすぐです」と書かれていて、その後、12月21日にもまたメールが来て、「無事成長した鳳凰が飛び立っています」との報告がありました。

そんなことが続いていたので、鳳凰の時代になるのは確かだとわかっていました。

ところが、日本の首都である東京には北斗七星の結界が正しく張られていない！

そこで僕は「神様がそれを破れという意味は、正しい結界を張れ」ということなの

ではと考え、次なる行動に出ました。

龍神の時代が終わって、鳳凰の時代になるこのときに新たな結界を張る――これが僕のお役目ならば、「では、やろう」と陰陽師の作法に従うことに決めたのです。

結界を張るのは必ず１の日に行うこと、それは昔から決まっています。ということで、今回、北斗七星の結界を張るには元旦の１月１日がふさわしく、時間帯として可能性があるのは午前１時ですが、そうなると数字的には０１００となるので、その時間ではないことがわかります。

僕は、２０１９年にも京都の平安神宮で11月11日の11時11分に京都を護る結界を張らせていただいたのですが、今回首都東京に結界を張る神社の位置関係は北斗七星なので、総数が７にならなくてはなりません。

となると、やはり２０２１（年）＋１（月）＋１（日）、これを逃したら足して７になる日はなく、かつ、時間帯を含めて全て１になるのは元旦の午前11時11分しかありません。

しかも、女神の時代に結界を張るので、男の僕ではなくて女性の巫女がやらなくてはなりません。そこで、親しくしている伯家神道《はっけしんとう》の巫女にお願いしようと思って声をかけたのですが、彼女はご家族と一緒に京都に住んでいて、元旦に京都から東京まで出てくるのは無理とのことでした。

そこで、天祖神社の氏子で、しかも聞くと北斗七星がシンボルとなっている人気劇画『北斗の拳』の主題歌を歌っているという適任の若い女性と出会うことができたので、彼女に頼むことにしました。

そして、2021年1月1日の朝、「元旦は無理です」と言っていた伯家の巫女さんから、新年のご挨拶の電話がかかってきたのですが、僕はそこで思わず笑ってしまいました。

というのも、彼女が言うには、暮れに膝を怪我してしまって正座ができない状態で、1月、2月のご神事は中止しますとのこと。そのために急いで電話してきてくれたのですが、もし彼女が元旦に結界を張ることをOKしていたら、それを実行できなかったからです。

結局、なるべくしてこうなったということで、まさに神謀《かみはかり》。

そんなこんなで全てがうまく運び、２０２１年元旦の朝11時11分、予定どおり僕と東京の新しい巫女の二人で北斗七星の結界を張るために、最初のスタート地点となる御田神社に行くことにしました。

ご神事の朝、ベッドの隙間から水晶が1個出てきて、これで準備は整った！

御田神社から始めて計七ヶ所を歩いて回るとすると、合計で少なくとも2時間30分はかかります。しかも初詣で人も多いことから、僕たちはハイヤーを借りて車で回ることにしました。

あらかじめ用意したおいたものは、まだその時点ではどう使うかわからなかった黒龍という名前のお神酒《みき》（箱入り）と、徳島のお医者様からいただいていた水晶の玉が五つ、そして8本の麻紐です。ご神事を務める巫女の女性は麻紐で髪を結う必要があるので、1本はそれに使ってもらい、残り7本が結界用です。その麻紐を7ヶ所の神社に結ぶためです。

手持ちの水晶の玉は五つしかなく、将門塚は神社ではないのでいらないとしても、あと6ヶ所の神社に収めるためには1個足りないので、前の晩、「どうしようかな」と思ったまま寝ついたら、いつもより早く朝7時に目が覚めました。

準備をしようと思って何気なくふと見たら、ベッドサイドに六角柱の大きな水晶が落ちていたのを見つけたのです。

そういえば、以前、東京の秘書にその大きな天然水晶をあげようとしたら「いらない」と言われたので、仕方なくベッドサイドに飾って置いていたのを思い出し、「あぁ、これがあった！」ということで、その大きな水晶は江戸鎮守府の神田明神に奉納し、残りの五社には五つの水晶玉を奉納しようと決めました。

最初の御田神社では、水晶玉一つ、麻の紐1本、黒龍のお神酒は外から見えないようにラッピングしたままで持っていったところ、けっこうな人だかり。でも、僕たちは初詣ではないので参拝者たちの列には並ばずに、本殿の脇のほうに入っていきました。

こういう場合も直感が大事で、直感が冴えていれば、どこに麻の紐を結べばいいのかもすぐにわかります。

本殿の脇に誰も行かない場所があって、そこは警備員も誰も見ていません。時間はちょうど11時11分、「よし、ここに違いない」という場所に、新しい巫女に麻紐を結んでもらって結界を張り、石の隙間に水晶玉を埋めました。

そして、柏手を打ちます。結界を張るには、伯家では7拍手、つまり拍手は7回打たないといけません。東京の新しい巫女も7拍手の練習をしてきてくれていたので、僕も一緒に拍手を打とうとしたら、ちょうどそれと同時に本殿で太鼓がドーン、ドーンと鳴り響きました。

誰かが正式参拝するタイミングなのでしょうが、その太鼓の音で僕たちが裏で結界を張るご神事をしていることはまったく誰にも知られることはなく、「神様、すごいなー」と思いながらご神事を終え、僕たちは石段の下で待っているハイヤーに乗り込みました。

「鉄筋コンクリートじゃ結界を結べないしなぁ」と思っていたら……

二ヶ所目は、天祖《あそ》神社。僕はそれまで天祖神社の前の小道を何度も通っていたのですが、神社に入ったことはなく、神社に入るには車も入れないような細い道を入っていくしかありませんでした。

ハイヤーを待たせて、歩いてようやく階段にたどり着き、その階段を登った先が入口でした。入るととてもりっぱな鉄筋コンクリートのモダンな拝殿があって、人ほどの参拝者がいました。

「でも、鉄筋コンクリートじゃ結界を結べないしなぁ」と思っていたら、その下に木造の古いお社があるのが見えました。

「あっ、ここだ！」と思って、さっそく新しい巫女にそのお社に麻紐を結んでもらい、水晶を埋めてから、７拍手をして二人で手を合わせました。

すると、ここでもまた神様のお知らせがありました。麻紐を結んで水晶を埋めたちょうどその場所に、陽光がワーっと射してきて、その場を明るく照らしたのです。

これで無事終了。次は愛宕《あたご》神社です。

その頃からハイヤーの運転手さんもなんとなくピンときたようで、「これはなにか変わったことですね」と僕たちに聞いてきました。

そこで、僕がなにをしているか正直にお話したところ、「そうなんですか！いやー、そういうお手伝いができて嬉しいです！」と共感してくれました。

年配の運転手さんで、しかもトヨタのアルファードという大型車だったので、とても心地よく神社巡りができたのも、きっと神様のお計らいだと思います。

愛宕神社は、急坂を上ったところにあり、神社に着いたらものすごい人だかりでした。でも、初詣が目的ではない僕たちは、そこでも行列を横目に拝殿の奥に向かいました。

そうしたら、案の定、ご神木のある場所があって、新しい巫女もこれで3回目だからわかってきたようで、「ああ、やっぱりわかるものなんですね。行けば陽が射してきて……」と結界を張る場所がどこかがわかった様子。

そこで7拍手をしようとしたら、また近くで「ドーン、ドーン」と太鼓が鳴り響きました。もちろん、あれだけ大勢の参拝客がいるのだから、どなたかの正式参拝のために宮司さんが太鼓を打つタイミングもあるでしょうが、それにしてもタイミングがよすぎます。

もし誰かが僕たちのご神事に気づいて覗きにきたら、不審者のように見られなくもありません。でも、僕たちが放った7拍手の音はその太鼓の音にかき消されて、またしても誰にも気づかれずに、無事結界を張ることができたのです。

なんのために使うのかはわからなかった黒龍というお神酒もお供えできて

次に向かったのは、将門塚です。運転手さんが「これから将門塚にお連れしますが、この前行ったら工事中でなにもなかったですよ」とルート確認のために事前に見てきてくれた様子を伝えてくれました。

着くと、確かに工事中で、塚が見えないようにフェンスで囲われていました。「アチャー」と思ってハイヤーを降りたら、そこにはすでに３、４人の参拝者が並んでいました。

「なんで並んでいるんだろう？」と思ってよくよく周りを見てみたら、90度曲がったところに建設会社がわざわざお参りのためのガラス窓をつくっておいたようで、そのガラスの向こうに木造の小さなお社と木製の台と献花が見えました。

将門塚に参拝に来た人たちは、そこに向かって手を合わせていたのです。「あぁ、そうか」と思って近づくと、一升瓶が3本奉納してあったので、持参した黒龍のお神酒を箱から出してそこにお供えしようとしました。

「ここに奉納すれば天皇陛下にいちばん近い場所だし……」と思いながらお供えをしようとしたとき、またピンとひらめいて、「でもここは麻紐をかける場所がないから、新しい巫女にこのお神酒の瓶の首の所に麻紐を巻いてもらおう」と思い立ち、「他に結ぶところがないから……」と頼んだところ、彼女は手際よく黒龍という日本酒の瓶の首に麻紐を結んでそのお神酒を奉納してくれました。

天皇陛下が好んでいらっしゃる黒龍という日本酒を頂戴したときには、なんのために使うのかはわかっていなかったのが、「こういう使い方をするんだ。しかも皇居にいちばん近い所で。天皇陛下がお好きな黒龍がこんな形で役に立ってくれたのか」と、そのときに納得できたのです。

７拍手をするときにも、ちょうど並んでいる人が途切れて、「よし、今のうちにやろう」と７回柏手を打つことができて、ここでも無事終了しました。

麻紐を岩に向かって投げ入れたら、陽が射してきて神様からＯＫのお印が！

次の神社は、水天宮です。水天宮には初めて行ったのですが、昔の木造だったはずの神社からは一変して、立派なコンクリート製の建物になっていました。

１階は駐車場、２階にビル形式で社務所と本殿があって、４階か５階建てくらいのビルになっていて、お参りする人は皆階段を登っていくようになっています。

ガードマンの誘導に従って登っていくと、そこはコンクリートだらけで、本殿は木造ですが、土も木もないので、麻紐を結ぶものがどこにも見当たりません。

「こりゃだめだ」と思って、また二人で階段を下りて、ビルの周りを一周してみました。

するとちょうど本殿の裏側に、ビルと歩道の間に若干土が残っているスペースがあり、そこに昔ながらの神社の細い木が何本か立っているのが見えました。

ところが、その細い木の手前には金属製の分厚いフェンスがあって、誰もそこに入れないようになっています。しかし、水天宮のどこかで麻紐を結ぶには、僕たちの目の前にあるフェンスの中の細い木しかありません。

すると、新しい巫女が「私、よじ登りましょうか？」と言ってくれたのですが、でもそこは人の目につく場所であり、しかもすぐ近くの交差点の角に交番がありました。僕は「ヤバイよ、あれ交番だよ」、「じゃあどうします？」とやりとりしながらふと見たら、細い木の枝が1本だけフェンスから出ているのがわかりました。

僕は、ちょうど人の流れが途切れるタイミングで新しい巫女に、「じゃあ、これに結んで」と言って、その枝に麻紐を結んでもらい、その細い木の根本に水晶を投げ入れてもらいました。そうしたら、またもや陽が射してきたのです。

「あぁ、やっぱり神様がここでよかったんだと教えてくださったんだね」などと言いながら、ハイヤーに戻ろうとしたら角の交番に警察官がいたのがわかり、二人で「よかったー、フェンスを登らなくて」と笑ってその場を後にしました。

次の四ヶ所目は、榊《さかき》神社だったのですが、ここがいちばん心地いい神社でした。境内に入って、「あ、これはいい場所」と思ってそこでご神事をしようと思っていたら、地元のおばあさんがいつまでもそこでしゃべっていたので、仕方なく移動して、本殿の脇の禁足地に向かいました。

禁足地なので鎖で中に入れないようになっていたのですが、そこにすごい岩があって、「あそこだ！」とピンときました。

でも、禁足地だから入れない。僕が「どうしようか……」と思っていたら、新しい巫女が「じゃあ、私、結び目作って投げてみます」と言って、麻紐に結び目をつくり、岩に向かってヒューと投げ入れました。

そうしたら、なんと見事に岩に引っかかったのです。次に水晶をその下に投げたところ、またその場に陽が射してきて、神様からのＯＫのお印がありました。

その日は晴れていたので、もちろん時折陽が射すこともありましたが、ちょうどご神事を行っているタイミングで、木の葉や他の物でまったく邪魔されずに、いつもご神事のときだけひときわ強い日射しが射し込んでくるのは、やはり神様の計らいとしか思えません。

神田明神で七番目のご神事をすませ、これで無事、北斗七星の結界が完了

というわけで、最後はいよいよ神田明神です。

運転手さんが「道路情報に出ているんですが、神田明神前の道路は初詣のための交通整理で車は入れません」と教えてくれたので、僕は「じゃあ、神田明神下に行って」と指示を出しました。

実は、僕は神田明神下の細い道路はよく知っていたからです。というのも、その近くにモデルガンを撃つ射撃場があって、一時よく通っていたことがあったのです。なので、多少土地勘があったので、運転手さんに「ここ曲がって」と僕が指示しながら裏道を通って神田明神下に辿り着きました。そこでハイヤーから降りて、古い石造りの階段を登っていけばそこはもう神田明神の境内です。

すると、案の定というか、さすがは東京の鎮守府。神田明神がいちばん人手が多くて、猿まわしや屋台まで出ていて長蛇の列ができていました。

それでも、本殿の裏に一ヶ所だけなぜか人がいない場所があり、僕は「ここだ」と見定めて新しい巫女に麻紐を結んでもらって、きちんと拝礼してからいちばん大きな天然水晶を奉納し、最後に七拍手を打ってご神事が無事終了。ここでもまた陽が射し込んできました。

結界を張った後は、最後にそれまでと逆順にそれぞれの神社の近くで拍手を打つ必要があるのですが、とりあえず、神田明神の近くにある僕の知っているフレンチレストランで直会《なおらい》をすませることにして、そのあとにまた同じハイヤーに迎えにきてもらい、今度は逆順で各神社の近くまで行って拍手を打ち、こうして無事に北斗七星の結界を張ることができました。

眠りにつく直前、皇居の上の夜空に北斗七星が現れた

白金にある自分の部屋に戻ったのが17時過ぎで、さすがに疲れを感じたため、ベッドに横になってボンヤリしていたら小一時間眠ってしまいました。目覚めたときに憶えていたのですが、眠りに落ちる前、天井と部屋の景色にダブって、僕が将門塚のところで仰向けになって空を見ているであろうときの、その空が本当に見えました。

右側にお濠と江戸城、つまり今の皇居が見えていて、だんだん日が暮れて青黒い

空になり、新しい巫女が麻紐を結んでくれた七ヶ所の神社や塚から、星が一つずつヒューンと打ち上げ花火のように飛び上がっていき、きれいな北斗七星が皇居の真上の空に出現したのです。

皇居が見える夜空に輝く北斗七星……。僕はその光景を見ながら、「あれ？　なんではっきり見えるの？」と思ったけれど、身体を動かす間もなくそのまま眠りに落ちてしまいました。

気がついたら部屋の照明はつけっぱなしで、時計を見たら18時30分。でも、そのおかげで無事、北斗七星の結界が張れたことを確信できました。

翌2日には横浜で講演会があり、100人入れる会場が満席になりました。そこで、前日の元旦に、新しい巫女と二人で首都東京に北斗七星の結界を新たに張った話をしました。

全員が僕の話を真剣に聞いてくれたのですが、その会場に僕が結界を張ることになった、神様の結界の夢のことを知らせてくれた女性も来ていました。

その女性が見た夢では、神様の命は「将門塚を解放しろ」ということでしたが、それは古い北斗七星の結界を破るだけではなくて、新しい鳳凰の時代にふさわしい北斗七星の結界を張ることだったのです。

講演会でも話したのですが、当時の江戸に結界を張ったのは、徳川家康の命を受けた天海《てんかい》僧正でした。

そのときには、龍神の結界が張られて、将門塚が封印されていたのです。

今回、僕に与えられた命は、もうそのお役目を終えた龍神結界を破ることだけではなくて、新しい風の時代にふさわしい鳳凰《ほうおう》の結界を新しく張ることも課せられていたということです。

鳳凰の結界を張るには巫女でないとできないので、今回、東京で知り合ったばかりの若い女性にその巫女としてのお役目をお願いしたわけですが、その女性も講演会に来てくれていました。

こうして、僕の講演の中でこのような報告をしたのですが、講演後に最夢《まさゆめ》で神様のお告げを受けた女性が演壇の前まで出てきてくださり、「私が見た夢の真意は、そういうことだったんですね」と納得され、神社の場所と名前をお教えしたら「さっそく行ってみます」ということでした。

そこで、鳳凰結界を張ってくれた新しい巫女を紹介して三人で記念写真を撮ったのですが、その翌日（正月3日）の朝に新しい巫女からメールが届きました。

「なんだろう?」と思って見たら、こんな内容が書かれていました。

・彼女（新しい巫女）が朝そろそろ起き上がろうと思ったら、視野の左側に北斗七星のような、色がついている7色の星が現れて、回り始めた。

・「え、なに!?」と思って、右目だけで見ても、左目だけで見てもはっきり見える。

・「元旦のご神事が関係あるのかな?」とも思ったけれど、急に冷静になって、もしかしたら「目の病気か、あるいは脳の病気じゃないだろうか?」と思い、いっしょに住んでいる母親にも話したら母親も心配していた。

・起き上がっても見えていたので、ネット検索でそのような症状の病気があるのかどうか調べようとして、パソコンを立ち上げたら、そのときまでにはなぜか消えていた。

そんな出来事があったことを僕に伝えてきて、「これは、なんでしょうか？　そのときに、頭が痛いとか、気持ち悪いといった不快な反応は一切なくて。むしろ元旦のご神事の結果じゃないかと思うんですが」と聞いてきたのです。

僕は自分でも、元旦の夕方に皇居の上空に北斗七星が出たビジョンを見せられていたので、「それは神様のお印に違いない」と確信しました。「僕が元旦の夕方に北斗七星を見せてもらえたのに加えて、今度は新しい巫女が3日の朝にそれを見せてもらえた。これは、結界張りがうまくいったという神様からのお知らせかもしれない！」と。

もうこれで首都直下型地震も富士山の噴火も心配ない

北斗七星の鳳凰の結界を張った新しい巫女と僕が、二人とも同じビジョンを見せられたのは、神様からの「合格」のサインに違いありません。

こうして無事、皇居を中心とした首都東京に鳳凰の結界を張ることができたため、もうこれで首都直下型地震も、富士山の爆発的な噴火もない……。ホッと、一安心しました。

実は、それまで僕は、令和2（2020）年から令和3（2021）年にかけて首都直下型地震と富士山の噴火が連動して起こる、とかなり信じていたからです。

僕の周りでも「富士山が危ない」と言っている人たちが少なからずいらっしゃいました。実際、この2020年の12月末の時点では富士山の山頂に雪がなくて、それはマグマが上がってきて山頂部分の地温が上昇したために雪がとけているからで、もうすぐ噴火するんじゃないかと危惧されていたのです。富士山の上空を飛行した航空自衛隊の戦闘機パイロットの方が、「富士山上空で硫黄の匂いがしたが、こんなことは初めてだ」と伝えてくれたこともありました。戦闘機のコックピット（操縦席）は旅客機と違って加圧されていないため、外気が入ってきて外気の匂いを感じ取ることができるからです。

だから、横浜市内で毎月行っている連続講演の席でも「２０２１年の３月までしかやらないよ。３月くらいに美人秘書も連れて岡山に引っ込むことにするから。５月か６月がいちばん危ないから、それまでに岡山にやってくれば安全だよ」などと話していたのです。

それが２０２１年の元旦に無事に北斗七星の結界を東京に張ることができたので、僕の講演会を主催している横浜の美人校長先生から「先生、４月の日程を決めてください」と言われたとき、僕も本能的に「これはずっとこのまま、東京や横浜でやることになるな」と思って、その場で、４月だけでなく12月までの毎月の講演会の日程を全て決めてしまいました。

鳳凰の結界を張るご神事を無事に務められたことで、それまでの憂《うれ》いや不安が解消できたのです。

これで、天皇家も、日本も、世界も、安泰だと思います。

もうおわかりかと思いますが、前章で東京都の独立案を提唱したのも、こうした神様事があったからです。

今ふりかえってみれば、全てが神様の掌《てのひら》の中で起きてきたことのようにも思えます。

天皇家を護り、首都東京を護り、よって日本及び日本人の再生・新生をはかる、おそらくそれが神様の御心なのでしょう。

常日頃、「神様への全託」を実践・提唱している僕だからこそ、そのような大切なお役目を体験させていただいているように思えてなりません。

神様の感謝を受けることができ、心がとても穏やかに！

どうやら、神様は、宇宙の真理を探究している科学者にも目をつけていて、特別な方法を使って人類にとって重要な課題を与えているようです。

その重要な課題を託された科学者の一人が、アイザック・ニュートンです。

よく知られている万有引力を発見したイギリスの物理学者で、運動法則、微分積分、光がどう進むかなどといった光学の基礎を発見した、とても偉大な科学者です。

そのニュートンが、１６６５年６月からの18ヶ月間、当時死の病と恐れられたペストの大流行によって大学が閉鎖されたため帰郷し、その間に光のスペクトル分解、万有引力、微分積分学において新発見をしたことから、物理学の世界では「奇跡の18ヶ月」と呼ばれています。

つまり、イギリスにとって歴史的な災厄が続いた期間にニュートンの三大業績というイギリスの誇る宝が誕生し、それがその後の物理学の発展に大きく寄与したのです。

今回の新型コロナウイルスによるパンデミックも、その時代のペストと同じで、18ヶ月くらい続いた後に終息するでしょう。

でも、もう12ヶ月くらいは続いていますから、あと半年。あと半年でかなり落ち着いて、その間に、またすごい発見かなにか、著しい人類の進歩がもたらされると思います。

つまり、ニュートンに続く「第2の奇跡の18ヶ月」が起きるのではないか、それが僕の直感です。

あのときはニュートンという一人の物理学者でしたが、今回は複数の科学者が人類の将来にとってとても重要な発見するのではないか、という。

今のような大きな圧力、社会的なプレッシャーがかかっている時代だからこそ閃《ひらめ》きが起きやすくなっている。それこそが、神様が与えてくれたチャンスなのです。

今、世界各国でワクチン接種のための争奪戦が始まっていますが、ワクチンによって新型コロナウイルスが終息するというよりも、発生から18ヶ月経ったら自然に消えるような気がします。

ありがたいことに、僕はそのちょうど真っただ中のタイミングで、首都東京に結界を張らせていただけた。

新しい鳳凰の時代の幕開けの元旦に、皇居の上に美しい北斗七星の姿が現れた映像を見せてもらえたことは、僕自身にとっても大きな変化をもたらしました。

それは、将来に対する憂いや不安が解消されて心の落ち着きを取り戻し、ストレスも減って、心身共にとても穏やかに過ごせるようになったのです。

確かに、「神様は厳しい」、「神様は怖い」という見方や側面もあるでしょう。

けれど、前述したように、僕がいちばん足が痛いときに思いっきり磐座《いわくら》に足をぶつけても瞬時に治してくださる、そういう優しさもあるし、「神様にこういうことを託された」と素直に信じて、無事そのお務めを果たした人間にはここまで穏やかな気持ちを与えてくださる……。

つまり、こういうことです。

神様に全託できれば、なんの憂いも、なんの不安もない。

そして、どんなことがあっても穏やかな心でいられる。

それを裏返してみれば、

神様に全託することによって、神様に感謝される人になる。

神様がその人に感謝してくださっているということで、心穏やかにいられるのです。

僕も、今回のご神事をとおして「神様の感謝を受けることができた」と強く感じています。

その感謝のお印が、元旦の夕方に見た皇居の上に輝く北斗七星でした。

東京の新しい巫女も、北斗七星がカラフルに回っている映像を見せられたあと、とても穏やかになったと喜んでいました。

第5章

祝之神事の最中に起きたありえないこと

皇太子が即位する際、現人神となるために受けられる秘儀中の秘儀

僕が「神様から感謝されている」と感じるようになったのは、はからずも伯家神道の祝之神事《はふりのしんじ》を引き継がせていただいたこととも関係しているようです。

祝之神事についてはこれまでも折に触れて何度かお伝えしてきましたが、まだご存知でない方もいらっしゃるでしょうから、ここでどのような経緯があったのかについて改めて記しておきます。

祝之神事とは、皇太子が即位する際、現人神《あらひとがみ》となるために受けられる儀式で、代々皇室の祭祀を司っていた伯家《はっけ》（白川）神道の白川家が継承してきた秘儀です。

新たに天皇になられる方がこの祝之神事を受けられることで、現人神としての神威が発揮され、もしこの特別な神事を行わなくなってから１００年が過ぎてしまう

と天皇家が滅びるとさえ言い伝えられている秘儀中の秘儀です。

歴史的に見ると、この祝之神事は清和《せいわ》天皇が27歳という若さで陽成《ようぜい》天皇へ譲位し、天皇をやめて源の姓を使い始めたときから源家の神道として継承されてきました。

やがて、源家から白川家に名が変わり、だんだん時を経るにしたがって正しく継承することができなくなり、飛鳥時代に大化の改新を行った中臣鎌足《なかとみのかまたり》（藤原氏の祖）がこのご神事を再構築しました。

そのとき、神様が中臣鎌足の夢に出てきて細かな指示を与えたそうで、それを再び白川家がご神事として復興し、それ以来、白川家によって祝之神事が執り行われてきたのです。

では、なんのために祝之神事を執り行うのかというと、「世の中を平穏に治めるため」です。

世の中を治めるためには、当時は神様にお願いするしかありませんでした。

もし、世の中が天変地異や疫病などに見舞われたとしても、現人神としての天皇という存在がいらっしゃれば、人心が和らいで、世の中が平穏に治まるからです。

つまり、天皇という精神的な支柱、霊的なリーダーがいてこそ、天下を統《す》べる（まとめる）ことができるのです。

そのために、皇太子が天皇に即位する際に神様を降ろすのが祝之神事の目的です。

ところが、明治天皇が最後に受けられて以降この秘儀は途絶えてしまって、１００年後にあたる平成24（２０１２）年7月30日を過ぎると天皇に受け継がれてきた霊的な効力が切れるとされていたのです。

もちろん、そうなると現人神としてのお働きができなくなる恐れがあって、日本の国体を保持することもままならなくなります。

とはいうものの、僕はそんな重要なご神事があることなどそれまでまったく知りませんでした。

僕が祝之神事のことを知ったのは、密かに祝之神事を正しく継承していた、京都に住む80歳を越えた巫女様とお会いしたときです。

それは僕がまだ岡山のカトリック系の女子大学で教鞭を執っていた頃で、がんの緊急手術をしたあとのことでした。

矢作直樹先生からの電話で、奇しくも祝之神事の重要さを知ることに

ある日、突然、僕の大学にあるご夫婦が訪ねてこられて、いきなり「京都の神社でぜひご神事を受けてください」と言われ、僕が首を縦に振るまで帰ってくれそうもない雰囲気だったため、僕は仕方なく「じゃあ、４月に京都に行きます」と伝えました。それは、あくまでそうしないとそのご夫妻が帰ってくれないと感じたからで、内心では正直「ドタキャンすればいいや」と思っていました。

ところが、その数日後に神道に詳しい矢作直樹先生から別件で電話がかかってきたので、そのついでに矢作先生に聞いてみることにしました。

「先生、この前変な人たちが来て、僕にご神事に出てくれというのです」

「なんというご神事なんですか？」

「確か、伯家神道の祝之神事とか聞きましたけど……。そのご神事を受けに4月2日に京都に行く約束をせざるをえなかったのですが、僕はドタキャンしようと思うんですよ」

「えーーっ！」

矢作先生が驚いて、

「実は私、祝之神事を継承している神社を探していたんです。ぜひ行ってくださ い！」

と言われたのです。

矢作先生の説明によると、矢作先生は当時、昭和天皇の主治医団の一人だったことから、昭和天皇の身をとても案じていたそうです。

なぜなら、ちょうどその頃、陛下の下血が止まらないことから、宮内庁の若手の役人も「陛下のお身体がお弱くなってしまったのは、祝之神事をなさっていないからに違いない」という話になり、矢作先生も一緒になって祝之神事を継承している神社を探し回っていたというのです。

ところが、全国どこを探しても、正統な祝之神事を継承している神社が見つからない。仕方がないので、宮内庁の若い人たちと矢作先生が文献から起こして祝之神事を再構築するための勉強会を始めようとしていた……。

まさにちょうどそのとき、僕に別件で電話をかけたら、僕の口から「祝之神事」という言葉が出てきたので、矢作先生がびっくり仰天したというわけです。

そんな経緯があって、僕は京都の巫女様とお会いして初めて祝之神事を体験したのですが、その後、巫女様にお目にかかったとき、「あんさん、ちょっとうちに来てもらえしまへんか？」と京言葉で声をかけられました。

「なんの話があるんだろう？」と思いながら僕一人で巫女様のご自宅に伺ったところ、そこでまったく思いがけない話を聞かされたのです。

「あんさんの魂は、地球由来じゃありまへんえ。アンドロメダ星雲のご出身で、シリウスでは宇宙艦隊の司令官どした」

その言葉を聞いて、僕は失礼ながら「80過ぎのおばあちゃんがなにを根拠にそんなことを言ってるんだろう⁉」と思って、あきれながら黙って聞いていました。

「信じてもらわしまへんやろが……。実は、あんさんの二回目と三回目のご神事で、ありえへん反応が出てるんどすわ」

そう言って、なぜ僕を呼び出したのか、その理由について詳しく説明をしてくれました。

ご神事の際の僕の反応は「宇宙人由来の魂を持っている人」の反応だと言われ

そのときに巫女様から言われたのは、次のようなことでした。

・ご神事の際、僕の場合だけ、普通の人とは違う反応が出ていた。
・それは巫女様も初めて見る反応で、先代の巫女様が残してくださったノートを見ても、そこには出ていない。
・そのノートとは別に、先代の巫女様が亡くなるときに託された特別な資料があって、普通はノートだけでこと足りるので見ることはなかったが、仕方ないので、その開けていなかった特別な資料を紐解いてみたら、そこに僕と同じ反応についての説明書きがあった。
・その説明書きによると、僕の反応は「宇宙人由来の魂を持っている人」の反応で、だから普通の人とは違う反応だった。

僕は、前に他の能力者からも同じことを指摘されていたこともあって、「そうなんだ、へーっ」と受けとめ、巫女様は品があって嘘をついているとも思えないので、それ以来、毎月京都の巫女様のもとに通うことに決めて、伯家神道の祝之神事を継承させていただくことになったのです。

それから、2年か3年経った頃、また巫女様から呼ばれてご自宅に出向いた際、「これを見て覚えておいておくれ」と白川家の資料を開いたままの状態で見せてもらいました。

「なにか変な絵が描いてありますが、なんですか、これは?」とうかがったところ、「祝之神事をしているとき、そこに降りていらっしゃる神様を判別するためのものです」とだけ教えてくださり、他のところは見せてもらえませんでした。

「他にもあるんですね?」と僕が問うと、巫女様は「他にもありますが、大したことあらしまへん。あの結界の中に本当に神様が来られているか否かを見極める唯一のお印どす。あんさんにはこれだけを覚えておいてもらいます」と言われました。

そこには神様が降りられたときの絵が描いてあったのですが、物理学者の僕としては、内心では「絶対にこんなこと起きるわけないやん。墨で手描きされているから、想像で描いただけに違いない」と、そのときは物理学者としては素直に受け入れることはできませんでした。

それが巫女様から二回目にご自宅に呼び出されたときの話です。次に三回目に一人で会いに行ったのは、巫女様が亡くなられる直前で、入院中の病室の中でした。

そのとき、巫女様は僕に向かって「あんさん、あとのことは頼んだえ」と一言だけ残して、それからすぐにあの世に旅立たれたのです。

正直、それまでは「あの品のいいおばあちゃんの巫女様が亡くなられたら、ご神事から僕は足抜けさせてもらおう」と思っていました。

なのに、「あとのことは頼んだえ」と目を見つめながら真剣な表情で言われて足抜けできなくなり、それから紆余曲折もあったのですが、結局、今の天皇陛下が即位されるとき、まさにギリギリのタイミングで、明治天皇のお血筋のお方のお働きがあって祝之神事を無事受けていただくことができたのです。

祝詞《のりと》を奏上していた僕の口が開いたまま閉まらなくなり、唸り声だけになって

僕が神官を務めている祝之神事は、東京と京都で毎月一回執り行っています。今の巫女と僕の二人だけで神社の幕屋《まくや》の中でご神事を執り行いますが、それ以外の参入者は全員が目を閉じていなければなりません。つまり、誰も祝之神事の全貌を目撃することはできないのです。

先代の巫女様がいらしたときもそうでしたが、神官をやらせていただくようになってから僕は目を開けさせてもらっているのですが、そうすると結界を張った中に神様が降りてこられる様子がわかります。

それはご神事を受ける人に神様が乗り移って、独特の動きをし始めるからです。

ごく最近のある日のこと、ご神事の最中、それまで体験したことのない不思議な

現象が起きました。

以前、巫女様からあの秘伝の絵を見せられたときには、「物理学的にこんな異常現象が起きるわけない」と思っていたのが、そのときのご神事参入者の動きがあまりにも異様だったので、「えっ!?　本当にこんなことがあるのか！」と驚きました。

しかし、「見てはならず、言うてはならず、聞いてはならず」が白川家に伝わる伯家神道の鉄則なので、ここで具体的な描写はできませんが、本当に物理的にはありえない動きで、僕も巫女も一瞬、祝詞を止めかけたほどでした。

でも、先代の巫女様から「絶対に祝詞の奏上を止めてはならない」と厳しく言われていたので、なんとか奏上し続けましたが、それにしてもなにか異様な事態が起きているのはわかりました。

そこで、僕は目の前で起きていることが白川家の秘伝書に描かれていることと合致しているのかどうかを確認しようと思って、祝詞《のりと》を奏上しながらその参入者に近づきました。

そして、その身体にそっと触れてみたら、僕が触った瞬間、それまで祝詞を奏上していた僕の口が開いたまま閉まらなくなってしまったのです。

しかも、僕の首がだんだん上向いてきて、「あーーー、うーーー、ががが―」という唸り声だけになって、祝詞を発声できなくなったので、巫女だけが祝詞を奏上している状態が続きました。

僕の頭の中では「なんだこれ？　いったい、ご神事はどうなるの？　誰が止めるの？　幕屋の外にいる人たちも変に思っているだろうな」と困惑していたら、そのうちに巫女が鈴を持ってきて、鈴を鳴らしてその場を収めようとしたのですが、悪い霊ならいざしらず、もちろん相手は神様なので、どうにもこうにも収まりません。

そのとき、僕はハッと閃きました。「あぁ、全て感謝しかないんだ」と！

肉体の僕とは別に、どこか頭の斜め後方辺りにもう一人の冷静な自分がいて、「この唸り声は神様がここにいらっしゃる確たる証拠に違いない！」と気づいたのです（次章で詳述）。

そうしたら、だんだん僕の首が元に戻ってきて、口も閉じられるようになり、それを見ていた巫女も安心して、ご神事の終りの柏手を打ってから無事終了しました。

本当に神様が降りてきたときには物理的にはありえないことが起きる

そんな体験をした僕は、代々受け継がれてきた祝之神事の資料を見ていたからこそ神様が降りてこられた証を確認することができたのだと、改めて、先代の巫女様とその白川家に伝わる秘伝書があったことに心から感謝しました。

普通、神官でも巫女でも、「神様が降りてきました」と言っても、実際にはありありとそのお姿が見えているわけではありません。

また、自分には特殊能力があると思い込んでいる人たちが、「今、ここの空気が変わった」とか「今、そこが光り輝いている」などと言ったとしても、まったく当てにはなりません。

普通の人が神や仏を見たというのは、ほとんどウソか幻覚で、そのような魔に入られてはご神事はできないし、だからこそ、ちゃんと結界を張っておく必要があるのです。

この点については、昔から禅僧やシュタイナー、白川家の人たちも警告していて、そのため中臣鎌足からの伝統を引き継いだ白川家の秘伝書が遺されてきたわけです。

そして、そこには「どういうことが起きれば神様がこういうふうに思っていらっしゃる」、「神様が直にここに来られているというお印」などと、個々具体的に示されているのです。

なので、そのときのご神事が終わった直後、僕はそのことを巫女に伝えました。

「いったい、なにが起こったんですか?」(巫女)

「いや、あれね……。昔、先代の巫女様に『これ覚えておいて』って見せられていたんだけど、祝之神事をやっているときにあれが起ったら結界の中に神様が本当

に実在してくださった証なので、さっきそれを確認しようと思ったら、ああなっちゃったんだ」（僕）

「そのとき、どうだったんですか？」（巫女）

「ただただ感謝の気持ちがあるだけで、それが神様と一体化したときに感じていた全てだった」（僕）

そのときのご神事で、神様のお気持ちは感謝だけなんだとわかったら、自然に僕の目から涙が流れ落ちました。

そして、「先代の巫女様が亡くなられてから、わけもわからず細々と続けてきたけれど、これでよかったんだ。だから、神様が励ましてくださった」と、心から感謝したのです。

このように、本当に神様が降りてきたときには物理的にはありえないことが起きます。僕は白川家の規則に反しない範囲でそれをお伝えしていて、本当はもっと詳しくお伝えしたいのですが、そうすると神様は二度と降りてきてくださらなくなるので、もうこれ以上は控えます。

神様は全ての人に対して感謝してくださっている

僕は、祝之神事をとおして、本当の神の愛というのは、「感謝」だと思えるようになりました。

それは決して人間的な愛ではなく、私たち全ての存在に対する感謝の念です。

僕はこれまでさまざまな体験をしてきた中で、神様「が」人間「に」感謝をしてくださっている、ということがよくわかったのです。

神様の深い感謝の気持ちがあるからこそ、私たちには心の平穏がもたらされる、それはどんな人からも感謝され続けたら、誰でも穏やかな気持ちになれるのと同じです。

つまり、神様はいつも人間に「ありがとう」と言ってくださっているのです。

私たちの存在、行動の全てが神の感謝の対象で、それはどんな悪人でも同じです。犯罪者や殺人者であっても、どんな人でもそれぞれにお役目があるがゆえに神の感謝の対象であって、神様はこの世の私たちに「生きていてくれてありがとう」と言ってくださっている。

そんなふうに、神様や亡くなった人には「ありがとう」という感謝の気持ちしかないのではないかと思います。それを感じさせてくれるこんな経験もありました。

僕の大学時代に合気道部で親しかった友達がいました。彼は3・11のときに千葉に住んでいて、津波が自分の家の前の道路までやってきたのですが、彼の家はギリギリ助かりました。

ところが、その彼が5、6年前に突然死したのです。合気道部では主将をやって、頭もよくて、背が高くて人気者だったので、昔の合気道部の仲間たちも皆、ショックを受けました。

そして、彼のお墓参りに行った学友から彼のお墓の写真を見せてもらってびっくりしました。普通は墓石に戒名が彫られているのが、彼の墓石には「来てくれてありがとう」とだけ大きく彫られていたからです。

その墓石の前で皆で撮ったという写真を見て、僕は「なるほど。御霊になった同級生の魂が、僕たちに向かって『来てくれてありがとう』と言ってくれているのか……」と彼の優しい気持ちが伝わってくるようでした。

まさに、この「ありがとう」と同じ思いが、神様の気持ちです。

そう考えれば、神社の拝殿に「ありがとう」と書いたプレートを置いておけば、よっぽどそのほうが神様の気持ちが伝わってくると思います。

ハワイの原住民たちがやっていた「ごめんなさい、許してください、ありがとう」と唱えるホ・オポノポノも同じで、これだけで全てがうまくいくのは、神様には「ありがとう」しかないからです。

僕の専門の素領域理論から見ると、完全調和の神様の世界は、ビールジョッキの中のビールの液体部分に例えられます。そして、その中にある無数の泡（素領域）の集まりが宇宙空間そのものであり、空間の中を物理法則に従って運動する素粒子は全て素領域から素領域へと飛び移っていくわけです。つまり、ビールの液体部分に囲まれた泡の集まりの中に我々が存在していることになります。

ということは、全ての存在は、神様という液体の中に浮かんでいる小さな小さな泡の中に存在する素粒子からできているのであって、全ての存在は神様の感謝によって生かされていることになります。

なので、その神様と波長を合わせるには、神様と同じ感謝の気持ちで「ありがとう」を言い続けるしかありません。神様はそれしか思ってないのだから、「ありがとう」で神様の気持ちと同化する、それが最も神様に近づく方法だということです。

拙著『路傍の奇跡――何かの間違いで歩んだ物理と合気の人生』（海鳴社、２０１１年）でも述べたように、僕の人生をふり返ってみても、絶対に僕のような成績では入れないような高校や大学、大学院にポンポン入って、いつも周りの人たちから「恵まれている」、「神様に愛されている」、「神様はエコひいきだ」などと言われ続けてきたのは、それは僕の努力というよりも、どんなときにも「ありがとう」と「ごめんなさい」だけは必ず言い続けてきたからだと思います。

神様の気持ちを知りたい人は僕が体験することを見ていてください

僕は小さい頃から「ありがとう」と「ごめんなさい」を必ず言う習慣があって、それはなにも相手が人間だけとはかぎりません。

例えば、自分で物を落としたときもその物に向かって「あ、ごめん」と言い、ペットボトルの水を飲んだときも、僕に水を飲ませてくれたペットボトルに向かって「ありがとう」と言うのです。

もちろん、他の人がいるときには言葉には出しませんが、頭の中でそう思っていて、ずっとそれを習慣にしてきたのです。

車に乗るときも「よろしくね」と声をかけるし、ドアを閉めるときもバーンって勢いよく閉めないで、カチャって鳴るくらいの最低限の力しか加えないようにしています。

強い力で開け閉めすると車が怒るかもしれないし、かわいそうだからですが、それは人間に対しても同じで、「ありがとう」や「ごめんなさい」は人一倍多く使っている言葉です。

なので、僕は誰に対しても均等に接していて、特に若くてきれいな女性に対しては、全員平等におつきあいするようにしています。

僕にとってはそれがいちばん自然な姿で、いちばん素直に生きられる生き様だからです。

そして、たぶんそれが神様と同じ気持ち、だからこそ、僕は神様に愛されてきたんじゃないかと思っています。

つまり、僕は誰に対しても「ありがとう」という気持ちで接していて、神様も全ての人に対して感謝の気持ちしか持っていなくて、全員に感謝してくれている。

ということは、ひょっとすると、僕は神様の再来⁉（笑）

少なくとも、気持ち的には、僕は神様！

なので、神様の気持ちを知りたい人は、僕が直感に基づいて体験していることを、ぜひこれからも楽しみながら見ていてください。

第6章

神様の気持ち

神様はいたるところにいる

正直なところ、僕はまだ親の気持ちや子供の気持ちもわかりません。

それなのに、これまで人が驚くようないろんな不思議体験をさせてもらい、また、とりわけ祝之神事の神官を務めさせていただくようになったことで神様の気持ちだけはわかるようになりました。

とはいえ、僕が本当に神様の気持ちがわかったのはつい最近のことで、祝之神事の最中に起きたようなよほど特別なことがないかぎり、それを体験できる機会は少ないと思います。

たぶん、神様の姿を見た人はいないと思いますが、もし「私は見た！」と信じ込んでいる人がいたら、要注意です。なぜなら、その人は幻覚を見ているか精神的な病に侵されているかのどちらかで、その点に関してシュタイナーも次のように忠告しています。

「修行にとって特に重要なのは、完全な霊的健康のための努力である。(中略)神秘修行者にとって、空想癖、激昂しやすい性質、神経質、興奮、狂信などの傾向程有害なものはない。(中略)神秘修行は、興奮したり空想力豊かであったりすることよりも、『冷静』であることによって、その客観性が保たれる」(『いかにして超感覚的世界の認識を獲得するか』筑摩書房、２００1年より)

「じゃあ、神様って、いないの？」と思われるかもしれませんが、いえ、神様は確かにいる、しかもいたるところにいらっしゃいます。

前述したように、神様というのは、ビールジョッキに注がれたビールにたとえるとビールの液体部分に当たる「完全調和の世界」で、その液体の中に浮かんでいる一つひとつの泡が、物質や生命の元となる素粒子が発生する「素領域」と呼ばれる領域です。

なので、僕は完全調和の世界を「神様」と呼んでいるのですが、その泡の中にいる私たちから見たら、神様は泡の外にいて、かつ全ての泡を包み込んでいるので、神様はそこかしこにいることになります。

じゃあ、「その神様が今ここに来てくださっているか、くださっていないかを判別する方法はあるのか？」と問われれば、実はそれはあるとお答えすることができます。しかも、この日本には！

それはどんなものかというと、日本の神道の中で伝承されてきた祝詞《のりと》を奏上する祭祀や秘儀です。神道というのはまさに神の道、カンナガラノミチですから、神様に接するあらゆるお作法を開拓して、それらが今なお神職や巫女たちによって引き継がれているのです。

つまり、神様の姿形は誰にも見ることができない、でも、神様の存在や気持ちは感じ取ることができるのです。

では、神社の神主さんに正式参拝をお願いすれば、神様の存在を身近に感じることができるかというと、必ずしもそうともいえません。

なぜなら、今の神社神道は、太平洋戦争に負けた後、アメリカ占領軍（連合国軍最高司令官総司令部（ＧＨＱ））が日本人の皇室や神道に対する信仰心を警戒して、それまでの国家神道を解体しなくてはいけないと、戦後すぐに国家神道の廃止と全国の各神社の民間への移行が行われ（神道指令）、新たに神社を統括する神社本庁ができ、神職（宮司《ぐうじ》・権宮司《ごんぐうじ》・禰宜《ねぎ》・権禰宜《ごんねぎ》）は各都道府県の神社庁から派遣するという形になったからです。

つまり、神社本庁・神社庁ができたことで、それまでずっと飛鳥時代から伝わってきていた神道のお作法や儀礼祭祀、秘儀秘伝（呪術）といったものを封じて、祝詞も全部改変させて祝詞集の重要な部分は黒塗りにされ、単に形式的なものになってしまったのです。

神様の存在を確信できたのは審神者《さにわ》のための秘伝書を見せてもらっていたから

これは、多くの神社の神主や巫女の力が封じられてしまっているということです。

ですから、神様の存在に触れられるチャンスとしての正式参拝をお願いするなら、神社本庁の所管ではない神職がいらっしゃる（神社庁から派遣されていない）神社、例えば、熊野大社や金光教《こんこうきょう》本部、黒住教《くろずみきょう》本部などに行ってお願いすれば、古くから伝えられている効力のある祝詞を使った正式参拝が受けられます。

神社庁に属していない神社は、全国で２０００社ほどあって、そういう神社で神職による修祓《しゅばつ》、祝詞奏上、神前に玉串《たまぐし》を捧げるという一連の拝礼や正式参拝ができれば、なんとなくであっても神様の存在を感じ取ることができると思います。

いちばんわかりやすいのは、宮司（神官）が古くからの祝詞を奏上し始めたら帳《とばり》が降りてくる現象ですが、帳というのは空気が振動してユラユラと神様が降りてくる様子を表していて、つまり神降ろしそのものを意味しています。これが、本来の「帳が降りる」という意味です。

そこで、本当に神様が降りてきたのか、どの神様が降りてきたのか、などをきちっと判別する必要があるわけですが、それを専門的に行う神官を「審神者《さにわ》」と呼んでいます。

前の章で、祝之神事の最中、僕が「あーーー、うーーー、ががが一」などの唸り声になったときに、戸惑いと同時に冷静でいられたのは、先代の巫女様から白川家に伝わる審神者のための秘伝書を見せてもらっていたからでした。

だから、そのとき、「あぁ、ここに降りられているのは神様に違いない」と確信ができ、その瞬間に、声や言葉にならない神様からの感謝の気持ちを全身で感じ取ることができたのです。

ですから、「神様には、感謝しかない」、これははっきりと断言できます。

よく「神様に感謝しなさい」と言われますが、そうではなくて、「神様に感謝してもらいなさい」というのが本当なのです。

神社や教会に行って「神様、感謝致します」と言ってみてもムダです。そうではなく、「すでに神様に感謝されている」ことを感じ取ることがいちばん大事なのです。たぶん、このことにはまだ誰も気づいていないと思います。宗教家も、霊能力者も、チャネラーも神様は感謝しかないということを経験していない、だから「神様に感謝しましょう」と言うしかないのでしょう。

でも僕は、祝之神事《はふりのしんじ》の神官を務めさせていただいて、「そうか、神様は感謝のお気持ちしかないんだ!」ということがすごく腑に落ちたのです。

飛鳥時代からずっと続いてきた伯家神道の秘伝書に描かれていることが、はからずも自分の身にリアルにつぶさに起きたことで、神様が降りてくださっているという証、100%の確証が持て、「ががが！」という僕の唸り声の奥にあったものは感謝だと気づけた。

だからこそ、「私たちに感謝をしてくれているのが神様の気持ち」、「誰もが皆、神様に感謝されている存在なんだ」ということをぜひ皆さんにお伝えしたいのです。

神様には「ｇｏｏｄ（良い）」という言葉しか存在しない

というわけで、ここからはなぜ神様のお気持ちには感謝しかないのかについてひも解いていきましょう。

神は、英語で「Ｇｏｄ」ですが、なぜＧｏｄが神様なのかご存知でしょうか？

先に結論から言うと、「神様にはｇｏｏｄ（良い）という言葉しか存在しない」ということです。

よく使われる英語の「ｖｅｒｙ　ｇｏｏｄ」のｇｏｏｄの「Ｏ」が１個ないのがＧｏｄですが、ｇｏｏｄは知ってのとおり「良い」という意味です。

つまり、Ｇｏｄという存在はいつも「ｇｏｏｄ、ｇｏｏｄ、ｇｏｏｄ」「良い、良い、良い」としか言わないということを示しているのです。

このことは、キリスト教の神父様もよくご存知です。僕も、シスター渡辺和子をはじめ、カトリックの神父やシスターには何人も知り合いがいるのですが、彼等も皆そう言っています。

神様がおっしゃる言葉は「良い」か「とても良い」しかなくて、「悪い」とか「お前、改心しろ」とか「駄目じゃないか」とか、そんなことは一切言われません。

神様は「ｇｏｏｄ（良い）」しか言われない、「ｇｏｏｄ、ｇｏｏｄ、ｇｏｏｄ、ｇｏｏｄ……」と言い続けている存在だから「Ｇｏｄ」と呼ばれるようになったのです。

いつも「ｇｏｏｄ」しか言わないので、やがてそれがニックネームのように「Ｇｏｄ」に定着したわけで、百科事典にそう書いていなくても、「神はｇｏｏｄとしか言わない」、これが本当のことです。

では、日本の場合はどうかというと、天津神《あまつかみ》である天照大御神《あまてらすおおみかみ》の末裔《まつえい》で初代天皇の神武《じんむ》天皇も、実は言葉（日本語）を話せませんでした。

『古事記』や『日本書記』に書かれている「神武東征」は、磐余《いわれ》彦尊《びこのみこと》（のちの神武天皇）が日向を発ち、奈良盆地とその周辺を征服して、はじめて天皇位に就くまでの物語ですが、最大の敵であった長髄彦《ながすねひこ》と対峙して負けそうになったときに祝詞を奏上したら敵方の元気がなくなってなんとか打ち勝ち、日本を治めることができたと書かれています。

しかし、そのときに磐余彦尊が挙げた祝詞は、今奏上されている「タカマノハラニカムヅマリマス……」という日本語の天津祝詞ではなかったのです。

では、どんな祝詞だったのかというと、それこそが言葉にならない「唸り」でした。

つまり、神武天皇は神様の末裔なので、日本語（言葉）を話せず、その後の８代の天皇までは言葉が話せなかったということです。

僕が祝之神事を執り行っていたとき、神様が降りた証として唸り声が出ていたのも、本来、神様ははっきりした言葉、まして日本語を流暢に話すことなどはないからです。

それゆえ、神道では昔から「言挙げせず」と言ってきたわけで、神意は言葉に言い表すことはできない、決して言葉に出してくどくど説明して相手を納得させるようなものではない、ということです。

つまり、「言挙げせず」というのは、「あーーー、うーーー、ががー」などという言葉にはならない唸り声だから。

現代人が聞いたら、「えっ、なにを言っているの、頭おかしいんじゃないの?」、「そんな言葉にもならない唸り声で神様の気持ちなんてわかるわけない」などと思われるかもしれません。僕も祝之神事を継承するまではずっとそう思っていました。

ところが、この言葉にならない唸り声、つまり、音が本来の神様の情報通信技術で、人間がつくり出した言葉による伝達をはるかに超えた、まさに神技なのです。

神様の気持ちと通じる「ありがとう」は全世界共通

この特別な音の響きに神様の気持ちが込められていて、その神様のお気持ちは「ありがとう」という感謝に集約されるのです。

その証拠に、どこの国に行っても「ありがとう」という意味の言葉を現地語で発声さえすれば、ほとんどの人がニッコリとしてくれます。

これは、「ありがとう」が神様の気持ちと相通じるからに他なりません。

例えば、お隣の韓国、韓国のありがとうは「カムサハムニダ」で、カムサは感謝です。

中国語は「謝謝（シェイシェイ）」で、中国人は日本人のように感謝の気持ちをいろんな表現で表すことはないので、どんな場面でも謝謝一つで通用します。ですから、中国語で「ありがとう」を言うのはとても簡単です。

ロシア語のありがとうは「スパシーバ」、スウェーデン語では「タック」や「タックソーミュッケ」、ドイツ語は「ダンケ」や「ダンケシェーン」、フランス語は「メルシー」あるいは「メルシーボークー」、イギリス英語は「タンキュー」の発音に近い「サンキュー」、イタリア語では「グラッチェ」、スペイン語は「グラシアス」、ポルトガル語は「オブリガード」等々。

そんなふうに、それぞれのお国言葉で「ありがとう」という言葉を知っておくといろんなことが上手く運びます。

僕はその一言を言わなかったために、その国で大好きなワインが飲めなかったり、現地に行ってホテルの部屋も予約できなくて困ったことが度々ありました。

日本人は「ありがとう」という感謝を表すとても良い言葉があるにもかかわらず、普段特に使わない人が多いようですが、外国に行くと頻繁に使います。

特にヨーロッパに行くたびに、「なぜそんなにヨーロッパの人たちは、ありがとう、ありがとうと言い続けるのかな？」と思うほどで、僕もスイスに行ってすぐの頃はピンとこなかったのですが、しばらくしてから「あぁ、彼らは遊牧民族だからか」と納得できました。

遊牧民族は移動するので、そのたびにいろんな民族と出会う機会が多く、それだけ挨拶やコミュニケーションが重要になってくる。だから事あるごとに何度も「ありがとう」を言い合う習慣が身についたのでしょう。

一方、日本人は農耕民族で、村という小さな共同体の中で朝から晩まで同じ人たちと接して、ほぼ変化のない人間関係がずーっと続いてきた。だから、挨拶がぞんざいになったり、省略されてしまうのです。

とはいえ、日本語の「ありがとう」は漢字で書くとよくわかるように、「有り難し」という意味なので、実は、「ありがとう」はいちばん感謝の気持ちを表している言葉なのです。

有ることが難しい、つまり、めったに起きないことだからこそ「ありがとう（有り難う）」なのです。

だから、例えば、人に助けられて「ありがとう」と言うのは、「あなたが私を助けてくれたその事実、そのこと自体は有る事が難しい、滅多に起きない素晴らしいことですよ」というニュアンスです。

それが他の国の言葉、例えば、サンキューやメルシーやダンケシェーンなどは、そこまで深い意味ではなかったとしても、韓国語のカムサハムニダや中国語の謝謝は日本語の有難いと同じように感謝の気持ちを示すことから、少なくとも東南アジア辺りではありがとういう言葉は感謝の気持ちを表しているのは確かでしょう。

意味がわかる表意文字としての漢字を使っているのは日本だけ

でも、やっぱり僕が「日本人に生まれて本当によかった」と思うのは、表音文字だけでなく、表意文字の漢字が残っているからこそ、ありがとう＝有り難い＝有ることが得難い、とすぐに理解できるからです。

表意文字の代表は漢字で、表音文字の代表はヨーロッパのアルファベットですが、お隣の韓国では表意文字の漢字はもう使っていなくて、表音文字のハングル文字だけです。

でも、元々は中国と同じ漢字を使っていたので、韓国のお年寄りは漢字が読める。けれど、今の韓国の若者は漢字が読めないそうです。

中国も、今、中国大陸で使われているのは簡略された漢字を使っています。実はそれは音だけの表音文字であって、表意文字としての漢字を使っているのは日本だけです。

だから、「ありがとう」という音だけなら意味がよくわからないのに、有り難いという漢字が今も使われているので、それが感謝の気持ちを示す言葉だとすぐにわかるわけです。

この表音文字、表意文字は「音読み」「訓読み」と言いますが、例えば、「生」の音読みは「せい」「しょう」（ぜい・じょう）です。訓読みは何通りあるかというと、「生（い）きる」「生（う）まれる」「生（お）い立ち」「生（は）える」からはじまってなんと158通りもあるのです。

これは金田一晴彦先生のご研究で判明したことで、この訓読みは日本古来の本当の音を表していて、本来は「国読み」というそうです。

ちなみに、「死」という漢字の音読みは「し」だけで、訓読みも「し」しかありません。でも「生」の訓読みは158通りある。つまり、人の生き方はたくさんあるけれど、死に方は一通りしかない、だから、死ぬときは皆一緒なのです。

こんなふうに、漢字にすればその意味がわかり、特に日本で使われている漢字はものの形から生まれた絵文字の象形文字だけでなく、指事文字・会意文字・形声文字・転注文字・仮借文字の6種類から成り立っていて、自然観や人の生き方などを学べるすぐれた記号だと思います。

中今の本来の発音は「な・か・ゆ・め」

人の生き方といえば、矢作直樹先生がよく使われている言葉に「中今《なかいま》」という言葉があります。

中今というのは神道用語で、神道の奥義に位置する神人一体の境地を示す言葉です。祝詞を奏上していくと中今の境地に至るといわれていますが、これがなかなかわかりづらい……。

中今か、今中か、よくわからないのです。そこで辞書を引くと、よけいにわからなくなる。

一般的には、神道における中今の概念は、ほんの一瞬のことで、仏教の時間の概念の中の最小単位である「刹那」と同一視されてきました。中今はこの刹那に対応していて、時間の流れの中の一瞬のことだというのが通常の解釈です。

一般にはそう捉えられていますが、ただ、もうお亡くなりになった東京大学の著名な仏教学者の中村元先生は、中今は刹那ではなく、「仏教でいうお釈迦様の悟りの境地、涅槃に近いだろう」と述べられています。

お釈迦様の悟り、涅槃に近い概念が神道の中今、矢作先生もそれと同じことをおっしゃっています。でも、それも凡人にはわかりにくいのではないでしょうか。

そこで、中今を訓読みでひも解いてみましょう。

中今の訓読みは「なかいま」ですが、この平仮名で書いた「な・か・い・ま」、この部分が縄文時代から使われていた言葉で、仏教伝来のときに中国大陸から伝わって来た漢字よりも古い日本固有の言葉です。

実は、この日本古来の音（文字）は、漢字に置き換えた訓読みの音とは違っていました。

では、どこが違っていたのか？

「なか」の「な」と「か」は、昔も今も同じ。ところが、「い」と「ま」は、発音が今とは違っていたそうです。

「い」は「ゆ」に近い発音で、「ま」は「め」に近い発音だったのです。この発音が近世になって「ゆ」が「い」に、「め」が「ま」に変わっていきました。

ということは、本来の発音は「な・か・ゆ・め」だったのです。

この意味は？　そう、夢の中という意味です。漢字で表すと上下逆転させた「夢中」で、これは今も使っている言葉です。

夢中の意味は、改めて説明するまでもなく、皆さんも体験されていると思います。

男の子なら誰でも、子供の頃、プラモデルを必死でつくっているとき、お母さんが「もう晩御飯だから早くいらっしゃい」と言っても、「待って、あと10分、あと10分」と言って、結局、夢中になって2時間も経っていたという体験があるでしょう。

夢中になっているときは、時間があっという間に経っている、まさにそれが「なかゆめ」、つまり「中今」なのです。

自分の中では一瞬だったのに、周囲の人から見たら2時間も3時間も経っている、そういう夢の中にいるような境地、それが中今なのです。

神様の存在を身近に感じたければ全ての人に「ありがとう」を！

中今とは夢中になれること、つまり、自分が没頭できるものに集中して夢のような時を過ごすことであって、人生において大事なのはそんな無我夢中になれるものを見つけることなのです。

このように、縄文の頃の古い言葉や音には宇宙の真理が示されています。

韓国語の「カムサ」や「カムサハムニダ」という音は、日本語の「かみさま」や「かみさまきたよ」と同じような響きがあって、前述したように、神様の感謝を讃えている音（言葉）です。

神様が「汝の敵を愛せよ」と言ったというのも、ようするに、「人を見たら感謝をしなさい」ということであって、神様さえも汝の敵に対して感謝をしているのだから、その神様の気持ちを汲み取って私たちも全ての人に感謝をする、そして、神様の存在を身近に感じたければ感謝の人生を生きていればよいのです。

無我夢中という言葉に示されているように、夢中になっているときは、我が消えています。

我が消えているというのは、神様の感謝の気持ちに包まれて、感謝の喜びに浸りきっていることです。

つまり、無我夢中になれるのは、感謝しかない神様の真似をしているわけです。

「ありがとう」も同じで、それは神様を真似ることであり、神様のお気持ちを汲んで神様のとおりにするには、頭を空っぽにしてただただ「ありがとう、ありがとう、ありがとう」と言い続けることです。

神様の気持ちは感謝しかない、ということがおわかりになったなら、皆さんも人と会った瞬間に、ぜひ神様と同じように笑顔で「ありがとう」と言ってみてください。

そうすれば、きっと神様の気配を身近に感じ取れるようになると思います。

最後にそれを示す歌をご紹介しておきましょう。

これは、平安末期の歌人で真言宗の僧侶・西行《さいぎょう》が伊勢神宮を参拝したときに詠んだ歌です。

なにごとの　おはしますかは　知らねども
かたじけなさに　涙こぼるる

おわりに

この本を読まれて、神様のお気持ちがわかっていただけたでしょうか。

神様の気持ちがわかってくると、身近な人たちだけでなく、どんな人に対しても自然に感謝の気持ちが生まれてきます。

そうすると、例えば、アメリカのトランプ前大統領のような行動は取れなくなります。

感謝の気持ちがあれば、必死になっていつまでも権力の座にしがみつこうとはせず、そのような態度はみっともないことだとすぐわかるからです。

だから、去り際がきたら、「ありがとう、ありがとう」とみんなに感謝しながら去っていく。それが、感謝しかない神様と同じ美しい生き方であり、去り方です。

神道では「分霊《わけみたま》」とも表しますが、人は誰もが現人神、つまり神様と同じものですから、やはり神様の気持ちを実現しなくてはいけなくて、そのために魂が肉体に宿っているのです。

ということは、神様の代理人として感謝の人生を生ききる、それが無我夢中になれる道であり、神様に愛される生き方です。

それを忘れないために、日常的に目に止まるもの、例えば、Tシャツなどに「感謝」と書いておけばよいと思います。

日本語だけでなく、「メルシー」、「ダンケシェーン」、「タックソーミュッケ」、「スパシーバ」と、あらゆる国の言葉で、「ありがとう」と書いたTシャツを着ていると、誰もが感謝、感謝、感謝の気持ちになって、ムダな争いは止めて平和になるでしょう。

特に、今は新型コロナウイルス騒動で人々が疲弊して、世の中がガタガタになってしまっています。

これをもっといい状態に戻すには、みんなが神様の気持ちにならって、感謝の渦を巻き起こすことです。

だから、Ｔシャツでもいいし、みなさんが口にしているマスクに「ありがとう」とか「感謝」の文字を書いておけばよいのです。

最初は変な目で見る人もいるかもしれませんが、なにか言われれば「医療従事者や日々の生活を支えてくださるエッセンシャルワーカーの方々の人たちに感謝をしているんです」と言ってやれば大丈夫!!

実際、厚生労働省も「広がれありがとうの輪」というプロジェクト活動を推進しているようで、みんなで感謝の輪を広げることが、本当の新型コロナウイルス騒動の終息につながるはずです。

まさにそれこそが、感謝しかない神様の気持ちだから、です!

この本を読んでくださった全ての方に、心から感謝致します。

ありがとう!!

令和３年３月吉日

保江邦夫

東京に北斗七星の結界を張らせていただきました

令和3年4月20日　初版発行

著　者　保江邦夫
発行人　蟹江幹彦
発行所　株式会社　青林堂
〒150-0002　東京都渋谷区渋谷3-7-6
電話　03-5468-7769
装　幀　TSTJ inc.
印刷所　中央精版印刷株式会社

Printed in Japan

ISBN 978-4-7926-0700-5